buch & media

BLUTEN

KURZGESCHICHTEN

B. Wild, geboren 1955, lernte die englische Sprache und schloss mit dem Cambridge Certificate of Proficiency in English ab. Er absolvierte einige Kurse an der Open University (UK), welche ihn zum Schreiben führten. Er lebt in der Schweiz. Seit 2017 arbeitet er als freier Autor. Sein Debut-Roman »Fateful Encounters« (in englischer Sprache) erschien in 2014. 2017 erschien sein zweiter Roman »Erlösung« (in deutscher Sprache).

BLUTEN

KURZGESCHICHTEN

B. Wild

buch & media

Originalausgabe
Juli 2019
Buch&media Publishing, München

Umschlaggestaltung: Franziska Gumpp
unter Verwendung eines Bilds von Freepik.com.
Dieses Cover wurde mit Ressourcen von Freepik.com erstellt.
Gesetzt aus der Adobe Garamond Pro
ISBN print 978-3-95780-170-8
Printed in Germany

Kaputt

Sema, ihre kleine Tochter Ajla an der Hand, steht am Fußgängerstreifen bei der reformierten Kirche nahe dem Bahnhof. Sie will die Straße überqueren, will zum Spielplatz im kleinen Park beim Vorstadtquai. Sie möchte dort mit ihrem Mädchen spielen, unbeschwert einige Zeit mit ihm verbringen. Sie hat sonst so wenig Zeit für es, seit sie arbeiten gehen muss. Ein Fahrzeug hält an. Ein Geländewagen mit einem Rammschutz aus glänzendem Chrom. Ajla bestaunt das große Auto. Sie lächelt dem Fahrer zu, winkt ihm, während sie an der Hand ihrer Mutter die Straße überquert. Der Fahrer jedoch hat keine Augen für das kleine Mädchen. Mit finsterem Blick, Entschlossenheit in seinem Gesicht, sitzt er hinter dem Steuer, in Gedanken woanders. Der Wagen heult auf hinter dem Kind und seiner Mutter, beschleunigt auf der lang gezogenen Geraden Richtung Bahnhof.

»Will wohl zeigen, was er unter der Haube hat«, meint ein Passant.

Sema hat fast den Park erreicht, als ein ohrenbetäubender Lärm sie aufschreckt. Der Boden unter ihren Füssen zittert. Das klirrende Geräusch von brechendem Glas und das Kreischen von Metall, das sich verbiegt, lässt ihr kleines Mädchen sich die Ohren zuhalten. Sema dreht sich erschrocken um. Sie hält sich die Hand vor den weit geöffneten Mund, starrt fassungslos in Richtung Bahnhof. Wo sich eben noch der strahlend blaue Himmel in der Glasfront des Haupteingangs gespiegelt hat, zeigt sich nun ein hässlicher schwarzer Schlund, im Innern Feuer und Rauch.

»Kaputt«, sagt Ajla.

Sema schaut auf die Uhr. Ihr entweicht ein leiser Schrei. Entsetzen zeigt sich in ihrem Blick. Noch fünf Minuten bis zur Abfahrt des Zuges!, geht es ihr durch den Kopf.

Erst Minuten zuvor war sie mit ihrer Tochter noch selbst im Bahnhof gewesen. Sie hatte ihre Nachbarin mit ihren zwei kleinen Kindern dorthin begleitet, hatte ihr beim Tragen des Gepäcks geholfen. Die Nachbarin wollte mit ihren Zwillingsmädchen für ein paar Tage verreisen, Verwandtschaft besuchen. Sema hatte sich dann vorzeitig von ihnen verabschiedet, als eine Freundin der Nachbarin auftauchte und diese in Anspruch nahm; sie misstrauisch angesehen hatte. Wohl wegen ihres Kopftuchs.

Es herrscht eine gespenstische Stille nach der gewaltigen Explosion. Die Busse, Sekunden zuvor noch zur Abfahrt bereit, bleiben stehen, die Reifen geplatzt, die Fenster geborsten. Der Brunnen aus grau gemasertem Marmor in der Mitte des Kreisels liegt in Stücken auf dem Boden. Auf den steilen Betontreppen beidseits des

Bahnhofs liegen leblose Körper. Von den Glasüberdachungen der Bushaltestellen sind nur noch deren eiserne Skelette zu sehen. Die Federn eines toten Vogels bewegen sich in der leichten Brise, welche vom See her weht. Brandgeruch liegt in der Luft.

Sema weiss nicht, wie lange sie schon so dagestanden hat, als eine Polizistin sie anspricht: »Geht es Ihnen nicht gut, fehlt Ihnen etwas?«

»Ich habe sie zum Bahnhof gebracht, ich habe sie zum Bahnhof gebracht, war selbst erst noch dort«, bringt Sema stotternd hervor. »Die Kinder, die Kinder«, stammelt sie und drückt Ajla fest an sich.

»Das tut mir leid«, sagt die Polizistin, Betroffenheit in ihrem Gesicht. »Vielleicht waren sie ja schon nicht mehr in der Bahnhofshalle, als es geschah«, versucht sie zu beschwichtigen. »Vielleicht waren sie schon auf dem Perron, als es passierte. Man ist gern rechtzeitig dort. Sie müssen weg von hier«, sagt die Polizistin dann, »Sie können hier nicht stehen bleiben. Ich werde Sie zum Kantonsspital bringen, es wird dort ein Care Center eingerichtet.« Sie wendet sich von Sema ab. »Du bist aber ein tapferes Mädchen«, sagt sie zu Ajla, welche mit Staunen den Feuerwehr-, Polizei- und Ambulanzfahrzeugen nachschaut, die zahlreich und mit lautem Sirenengeheul Richtung Bahnhof rasen. Die Polizistin nimmt Sema beim Arm und führt sie zu einem Polizeifahrzeug, das am Strassenrand steht. Sie öffnet die hintere Wagentüre und lässt Sema zusammen mit Ajla einsteigen. Sie legt ihr und dem Kind die Gurte an, zurrt sie fest. Als müsste sie die beiden festhalten, als hätten sie etwas mit dem Geschehenen zu tun.

Sie gehören zu den Ersten im Care Center, das eiligst im Foyer des erst kürzlich eröffneten Pflegeheims gegenüber dem Kantonsspital eingerichtet wurde. Sema steht, Ajla an der Hand, verlassen in der grossen Halle mit dem raumhohen Baum in der Mitte und wartet. Wartet. Sie weiss nicht, worauf. In ihrem Kopf das Bild des zerstörten Bahnhofs, ihrer Nachbarin, der zwei kleinen Kinder.

Nach und nach füllt sich das Foyer mit Menschen, Verzweiflung in den Gesichtern der meisten. Pflegeheimpersonal erscheint und bietet Tee und Mineralwasser an. Sie werden mit Fragen überhäuft, welche sie nicht beantworten können. »Es ist ein Care Team unterwegs und Leute von der Kantonsverwaltung«, sagt die Frau, die Sema Tee anbietet. »Wollen Sie die Kleine in den Kinderhort im Haus geben?«, fragt sie. Sema lehnt ab.

Eine alte Frau sitzt auf einem der Stühle. Sie erzählt weinend, dass ihr Mann im Café in der Bahnhofshalle sei, wo er jeden Tag hingehe, um einen Kaffee zu trinken und die Zeitung zu lesen.

»Dann brauchen Sie hier nicht länger auf ihn zu warten«, sagt ein Mann, der neben ihr sitzt, und es klingt, als rede er mit sich selbst. »Ich war dort, habe meinen Sohn zum Bahnhof chauffiert. Er wollte zum Flughafen, nach Amerika fliegen, dort die Sprache lernen. Ich bin zurückgerannt, als ich die Explosion hörte. Da ist nichts mehr«, flüstert er. »Er hatte es eilig, war sicher schon auf dem Perron«, versucht er sich einzureden.

Die alte Frau fängt laut an zu schluchzen.

»Entschuldigung«, sagt der Mann, »Entschuldigung, ich wollte Ihnen nicht wehtun. Vielleicht war Ihr Mann ja gar nicht mehr im Café, vielleicht ist er weggegangen, zur Toilette auf dem Perron vielleicht«, meint er.

»Mein Mann zahlt nicht einen Franken fünfzig, um zur Toilette zu gehen«, sagt die alte Frau. Sie schnäuzt sich die Nase, wischt sich Tränen aus dem Gesicht.

»Vielleicht ist er jemandem begegnet und sie sind dann anderswo hingegangen«, versucht der Mann vergeblich, sein Ungeschick wiedergutzumachen.

Eine Frau, die einen Rucksack mit Edelweissstickereien auf ihrem Schoss hält, meint: »Jetzt sind wir dran, das musste ja so kommen.« Sie schaut zu Sema und dem Kind hinüber, sagt laut: »Die sind es gewesen.«

Die Blicke einiger Anwesender richten sich auf Sema und das Kind. Sema schaut zu Boden. Ajla lächelt die Leute freundlich an.

Das Care Team kommt zusammen mit dem Personal von der Kantonsverwaltung. Eine junge Frau richtet sich an Sema, fragt nach ihren Personalien, fragt, ob sie Angehörige vermisse. Sema erzählt von ihrer Nachbarin mit den beiden Kleinkindern, die sie zum Bahnhof begleitet habe. Die junge Frau zögert einen Moment. Dann gibt sie Sema höflich zu verstehen, dass sie hier nicht bleiben könne. »Wir können uns nur um nahe

Angehörige kümmern. Es tut mir leid«, sagt sie. »Es gibt sicher eine Stelle, an die Sie sich wenden können, falls Sie Hilfe brauchen. Welcher Konfession gehören Sie an?«, fragt sie. Sema antwortet nicht. Sie steht auf, nimmt Ajla bei der Hand und verlässt das Foyer.

Sie ist dabei, das Gebäude zu verlassen, als jemand sie bei ihrem Namen ruft. Sema dreht sich um. Am Boden sitzt Walter, der Ehemann ihrer Nachbarin.

»Ich dachte, Sie hätten meine Frau und die Kinder zum Bahnhof begleitet?«, spricht er sie an.

»Bahnhof kaputt, Papa«, sagt Ajla.

Walter streicht dem Kind über das Haar, sagt mit Tränen in den Augen: »Schön, dass es euch gut geht, schön, dass ihr da seid.«

»Wir haben den Bahnhof früher verlassen«, sagt Sema. »Helena hat in der Halle eine Freundin getroffen.«

»Und weshalb wollt ihr jetzt schon gehen?«, fragt Walter.

»Uns wurde gesagt, dass wir hier nicht bleiben können, da wir keine nahen Angehörigen sind«, sagt Sema.

Walter nimmt Ajla zu sich und deutet Sema an, sich neben ihn zu setzen. Er sagt: »Ich mag nicht allein sein jetzt.«

»Wir gehören zusammen«, sagt Walter zu der jungen Frau, die nun seine Personalien aufnimmt und Sema fragt, weshalb sie nicht gegangen sei. »Meine Frau Helena und sie sind eng befreundet«, gibt er ihr zu verstehen.

Helena hatte sich um Sema gekümmert, als deren Mann sie und das Kleinkind verliess, um in den Heiligen Krieg zu ziehen und seinen Brüdern in der Heimat beizustehen. Er weilte schon vorher mehr in der Moschee als zu Hause. Helena sah nach Ajla, damit Sema arbeiten gehen konnte, um für ihren Lebensunterhalt zu sorgen. »Das macht mir nichts aus«, hatte Helena gesagt, als Sema meinte, dass sie sie nicht bezahlen könne. »Ich habe zwei brave Mädchen, es macht keine Mühe, noch nach einem dritten zu schauen.« Wenn es etwas im Haushalt zu reparieren gab, hatte Helena Walter zu ihr herübergeschickt. Er ersetzte ihr den Mann. Mehr: Er war immer da, wenn man ihn brauchte.

Sie sitzen da seit Stunden. Leute kommen und gehen. Auf einigen Gesichtern ist Erleichterung zu sehen. Auf vielen Schmerz und Trauer. »Geh nach Hause«, sagt Walter zu Sema, als Ajla zum wiederholten Mal aus ihrem Schlaf aufwacht, »das Kind braucht ein richtiges Bett zum Schlafen.« Er reicht Sema ihr Mädchen, welches abwechselnd in seinen und in Semas Armen geschlummert hatte.

Sema legt ihre Hand auf Walters Arm. »Es tut mir so leid, es tut mir so leid«, sagt sie, Tränen in den Augen.

»Mach dir nicht noch mehr Sorgen, als du sonst schon hast«, sagt Walter. »Es ist nicht deine Schuld.«

Ein neuer Tag bricht an. Leute stehen an der Bushaltestelle bei der reformierten Kirche nahe dem Bahnhof.

Sie warten auf den Bus zur Arbeit. Marktfrauen stellen auf dem Bundesplatz Stände auf, breiten ihre Ware aus, wie jeden Dienstagmorgen. Und doch ist nichts wie zuvor. An der Bushaltestelle stehen mehr Leute als sonst. Der Busstopp am Bahnhof ist nicht mehr zu gebrauchen. Die Marktfrauen, sonst fröhlich schwatzend, verrichten ihr Geschäft nun stumm. Die Stimmung ist gedrückt. Trauer liegt über der Kleinstadt; sie hat ihre Unschuld verloren, seit am Vortag ein Attentäter ein Auto, voll beladen mit Sprengstoff, in die Bahnhofshalle gesteuert hatte, dort seine tödliche Fracht explodieren liess, Kummer und Leid über die Stadt brachte.

Sema sitzt am Küchentisch, neben ihr Ajla. Sie schaut auf die Tageszeitung, die ihr jemand in den Briefkasten geworfen hat. Auf einem grossen Bild ist der zerstörte Bahnhof zu sehen, auf einem kleinen Bild daneben das Gesicht eines Mannes, ihres Mannes. Er wird als Urheber des Terroranschlags identifiziert, als jener Selbstmordattentäter, welcher sich im Bahnhof in die Luft gesprengt hat. Und mit sich eine grosse Zahl unschuldiger Menschen in den Tod gerissen hat, darunter seine Nachbarin Helena mit ihren zwei kleinen Kindern. Sema schält einen Apfel. Sie schneidet ihn in Schnitze, reicht einen davon ihrem Mädchen. Sie schaut erneut auf die Bilder. Zuerst auf das grosse. Auf die Zerstörung. Sieht Schutt und Asche, denkt an das unendliche Leid. Dann schaut sie auf das kleine Bild von dem Attentäter, auf den Mann, mit dem sie verheiratet war – worden war. Ihr Gesicht ist von Schmerz und Wut verzerrt. Sie sticht auf das Bild ein, zerstört es bis zur Unkenntlichkeit.

»Kaputt«, sagt Ajla.

Sema nickt. Sie nimmt ihr Kopftuch ab und breitet es auf dem Küchentisch aus. Sie trägt alles, was an ihren Mann und seine Mission erinnert, zusammen, entfernt alle religiösen Symbole und legt sie in das Tuch. Dann schnürt sie das Bündel zusammen und verlässt, Ajla an der Hand, die Wohnung. Auf dem Parkplatz vor dem Haus legt sie das Bündel auf den Asphalt und zündet es an. Sie steht mit ihrem Mädchen an der Hand daneben und schaut auf das Feuer, den Rauch, auf Schutt und Asche, reibt sich die Augen.

Sema sitzt am Küchentisch, Ajla neben ihr, wie so oft in den letzten zwei Jahren, in denen sie auf ihren Mann und auf eine Nachricht von ihm gewartet hat – gleichzeitig hoffte, nichts von ihm zu hören. Nichts von ihm als Opfer, nichts als Täter. Es klingelt an der Türe. Sema erschrickt. Vielleicht sind es erneut Beamte, wie wiederholt in den vergangenen Tagen. Sie haben Fragen, wollen wissen, ob sie etwas wusste vom Vorhaben ihres Mannes, womöglich seine Komplizin sei. Sie sei von einer Kamera erfasst worden, als sie bei der reformierten Kirche am Fussgängerstreifen gestanden habe. Das Kind habe seinem Vater zugewinkt.

Sema steht auf. Sie geht zur Türe und schaut durch das Guckloch. Draussen steht Walter. Sie hatten nichts mehr miteinander zu tun gehabt seit jenem Abend im Foyer des Pflegezentrums, als er sie aufforderte zu gehen und Ajla nach Hause ins Bett zu bringen. Sie hatte sich nicht getraut, bei ihm zu läuten, ihn zu fragen, ob er vielleicht etwas brauche. Erst recht nicht, seit der Name ihres Mannes immer wieder im Zusammenhang mit dem Anschlag in der Zeitung, in den Nachrichten genannt wurde. Als sie sich einmal zufällig im Treppenhaus begegnet waren, hatten sie sich nur kurz zugenickt, hatte sie auf den Boden geschaut, sich geschämt. Sema öffnet die Türe. Ajla ist ihr gefolgt. Sie stürmt aus der Wohnung, klammert sich an Walters Bein.

Walter legt zärtlich seine Hand auf das Haar des Mädchens, fragt Sema: »Kannst du mir die Waschmaschine erklären?«

Auf dem Spielplatz im kleinen Stadtpark beim Vorstadtquai sitzt eine Frau auf einer Wippschaukel, zusammen mit einem kleinen Mädchen. Auf der anderen Seite der Schaukel sitzt ein Mann, hält das Gegengewicht. Die Glocken der reformierten Kirche schlagen die Stunde. An den Bushaltestellen beim Bahnhof stehen Leute, warten auf die Busse, die sie von der Arbeit nach Hause fahren. In der Glasfassade des Haupteingangs des Bahnhofs spiegelt sich der strahlend blaue Himmel. Nichts erinnert daran, was geschehen ist.

Auf dem Aushang der lokalen Tageszeitung am Kiosk in der Bahnhofshalle steht in fetter Schrift: »Ehemann und Vater von Terroropfern heiratet Ehefrau von Selbstmordattentäter.«

Vater

»Dein Vater«, sagt Irma und zeigt in Richtung eines Passagiers, der mit hängenden Schultern im blauen Polster der S24 sitzt.

»Der ist viel zu jung, um ihr Vater zu sein«, sagt ein Mädchen, das neben Irma sitzt.

»Woher willst du wissen, dass dies mein Vater ist?«, fragt Annika.

»Ich war letzthin im Zug, zusammen mit meiner Mutter, und der Mann dort sass im selben Abteil«, sagt Irma. »Meine Mutter hat gesagt, das sei dein Vater.«

»Woher will deine Mutter das wissen?«, fragt Annika.

»Sie kennt die Geschichte«, sagt Irma.

»Welche Geschichte?«, fragt Annika.

»Das weiss ich nicht«, sagt Irma, »ich dürfte es dir auch gar nicht sagen.«

»Wer ist mein Vater?«, fragt Annika die Mutter.

»Dein Vater ist, nachdem ich mit dir schwanger geworden bin, weggegangen«, sagt die Mutter. »Das weisst du, das habe ich dir gesagt, schon als du noch klein warst.«

»Wie lautet die Geschichte?«, will Annika wissen.

»Welche Geschichte?«, fragt die Mutter.

»Die Geschichte von dir und meinem Vater«, sagt Annika.

»Du hast eine Mutter, du hast einen Grossvater, der wie ein Vater zu dir ist. Dir fehlt es an nichts, hast alles, was ein Vater dir geben könnte«, sagt die Mutter. Sie will Annika übers Haar streichen, ihr einen Kuss auf die Stirn geben. Annika entzieht sich ihr, geht auf ihr Zimmer. »Du hast alles, was du brauchst, dir fehlt es an nichts«, sagt die Mutter leise und fängt still an zu weinen.

»Suchst du deinen Vater?«, fragt Irma, als sich Annika, Minuten nachdem der Zug abgefahren ist, zu ihren Schulkameradinnen setzt. Annika antwortet nicht. »Dann musst du einen Zug später nehmen und an einem Donnerstag«, sagt Irma. »So wie damals, als meine Mutter in die Stadt kam und wir ihn zum ersten Mal sahen. Wir sind zum Schneider gegangen, um das Kleid für die Konfirmation anzuprobieren, und eine Woche später, als wir das Kleid abholen gingen, sahen wir ihn wieder, im gleichen Zug, im gleichen Abteil. Übrigens, hast du dein Kleid für die Konfirmation schon?«, fragt Irma.

»Ich brauche kein Kleid nur für die Konfirmation«, sagt Annika. »Ich habe genug zum Anziehen.«

»Du kommst in Alltagskleidern zu deiner Konfirmation?«, fragt Irma empört.

»Letztes Jahr war jemand in zerrissenen Jeans dabei«,

sagt Annika. »Keine Angst, ich komme nicht in zerrissenen Jeans, aber ich brauche kein Kleid, das ich nur einmal tragen kann.«

»Ich trage das Kleid nicht nur einmal,« sagt Irma, »der Schneider wird es nach der Konfirmation kürzen, dann kann ich es auch so tragen, am Wochenende, beim Ausgehen, im Kino. Du kommst nie ins Kino. Weshalb eigentlich nicht? Was machst du an einem Samstagabend?«

»Ich sitze mit meiner Mutter und meinem Grossvater vor dem Fernseher und schaue mir gratis die Filme an, für die du ein paar Monate zuvor fünfzehn Franken bezahlt hast«, sagt Annika.

»Das ist nicht dasselbe wie im Kino, wo man einen Film zusammen mit Freunden geniessen kann. Du könntest ja deine Mutter mitnehmen«, sagt Irma. »Die sieht aus, als wäre sie deine ältere Schwester. Wie alt ist deine Mutter eigentlich?«

»Keine Ahnung«, sagt Annika.

»Du weisst nicht, wie alt deine Mutter ist?«, sagt Irma. »Gratulierst du ihr nie zum Geburtstag und schenkst ihr nie etwas?«

»Nein«, sagt Annika. »Wir feiern keine Geburtstage.«

»Auch deinen nicht?«, fragt Irma.

»Nein«, sagt Annika.

»Ihr seid eine komische Familie«, sagt Irma. »Deine Mutter sieht aus, als wäre sie deine ältere Schwester, und ihr sitzt zusammen mit dem Grossvater samstagabends vor dem Fernseher.«

»Wie alt ist eigentlich Mutter?«, fragt Annika ihren Grossvater.

Es dauert eine ganze Weile, bis er antwortet. »Ich war fünfundzwanzig Jahre alt, zehn Jahre jünger als deine Grossmutter, als deine Mutter zur Welt kam. Jetzt bin ich fünfundfünfzig«, sagt er, steht auf und verlässt sein Büro.

»Ich komme heute eine Stunde später nach Hause«, ruft Annika ihrem Grossvater nach. »Ich bleibe in der Schule, erledige etwas zusammen mit anderen.«

Damit es keine Lüge ist, setzt sie sich kurz zu den Schülern, die ihre Hausaufgaben in der Schule erledigen, und nimmt dann, eine Stunde später, den Zug nach Hause.

Er besteigt denselben Wagen, in dem sie ihn das letzte Mal gesehen hat. Annika wartet abseits, dann steigt auch sie ein. Er sitzt am gewohnten Platz nahe dem Ausgang.

Scheint ein Gewohnheitsmensch zu sein, denkt Annika. Normalerweise würde ich einen grossen Bogen um so einen machen. Sie geht geradewegs auf ihn zu und setzt sich neben ihn, so, dass sich die Ärmel ihrer Jacken berühren. Er zuckt leicht zusammen, als er ihr kurz ins Gesicht sieht. Er schaut gleich wieder weg, erst auf den Boden, dann aus dem Fenster.

»Haben Sie Kinder?«, fragt Annika ohne Umschweife.

Er schaut sie erstaunt an, sagt: »Nein«.

»Wirklich nicht?«, fragt Annika.

»Nein.«

»Sind Sie verheiratet, haben Sie eine Freundin?«, fährt Annika fort.

»Nein«, sagt er stockend.

»Aber Sie haben einmal eine gehabt?«, fragt Annika. Er lässt seinen Kopf noch tiefer hängen, als wollte er gleich einnicken. »Könnte es sein, dass Sie mein Vater sind?«, weckt ihn Annika auf. Jetzt schaut er sie erschrocken an.

»Wollishofen«, sagt eine Stimme aus dem Lautsprecher.

»Sind Sie es oder nicht?«, fragt Annika. Er sieht aus dem Fenster, regt sich nicht, sein Mund bleibt geschlossen. Annika steht auf, verlässt den Zug und läuft den Bahnsteig entlang Richtung Bahnhofsgebäude. Nach ein paar Metern schaut sie zurück. Der Mann steht auf dem Bahnsteig, schaut verlegen in ihre Richtung. Annika dreht sich um, schmunzelt und geht.

Er ist nicht da, als sie eine Woche darauf erneut diesen Zug nimmt. Sie setzt sich enttäuscht hin. Dann steht sie gleich wieder auf und geht durch die nächsten Wagen. Etwas weiter vorn findet sie ihn. Annika setzt sich neben ihn, hält jedoch diesmal Abstand.

»Schämen Sie sich für Ihre Tochter?«, fragt sie. Er antwortet nicht. »Weshalb sind Sie letztes Mal in Wollishofen aus dem Zug gestiegen?«, will sie wissen.

»Das wusste ich selbst nicht so genau«, sagt er. »Man

weiss nicht immer, weshalb man etwas tut, macht sich erst hinterher Gedanken.«

»Wollishofen«, sagt eine Stimme aus dem Lautsprecher.

»Woher kennen Sie meine Mutter?«, fragt Annika.

»Ich kenne sie nicht«, sagt er.

»Das stimmt nicht«, sagt Annika. »Du wirst es mir sagen, beim nächsten Mal, Vater«, sagt sie, bevor sie aussteigt.

»Wie hast du meinen Vater kennengelernt?«, fragt Annika die Mutter beim Abwaschen.

»Ich habe deinen Vater nie kennengelernt«, sagt die Mutter. »Bitte, fang nicht wieder von vorne an.«

»Dann muss halt er es mir sagen«, sagt Annika. Sie legt das Abtrocknungstuch hin und geht.

»Wie hat Mutter meinen Vater kennengelernt?«, fragt Annika den Grossvater, als sie ihm einen Kaffee in sein Büro bringt. Er schweigt. Annika sieht den Grossvater unfreundlich an.

»Du würdest es nicht mehr wissen wollen, wenn du es einmal weisst«, sagt der Grossvater.

»Dann muss halt er es mir sagen«, sagt Annika und geht.

Annika lässt sich ihm gegenüber auf den Sitz fallen. Er nickt ihr kurz zu. Sie sitzen so für eine Weile, die Köpfe gesenkt. Annika schaut ab und zu auf, sieht ihn an. Er schaut hin und wieder auf, sieht auf ihre Hände, die mit den Kordeln ihrer Jacke spielen.

»Und?«, fragt Annika. »Kannst du dich jetzt erinnern, wie du meine Mutter kennengelernt hast?«

Er schüttelt den Kopf, sagt: »Ich habe deine Mutter nie kennengelernt.«

»Es muss etwas Schreckliches vorgefallen sein damals, dass es nicht ausgesprochen werden darf. Ich werde es herausfinden«, sagt Annika, mehr zu sich selbst. »Was für einen Beruf hast du eigentlich?«, fragt sie nach einer Weile des Schweigens. »Womit kann ich angeben in der Schule?«

»Da ist nichts, um damit anzugeben. Ich mache Hilfsarbeiten und bekomme dreckige Hände dabei. Es bringt nichts, mich zum Vater zu haben«, sagt er.

Annika zuckt mit den Schultern und fragt: »Wohin gehst du und woher kommst du eigentlich jeden Donnerstagnachmittag?«

»Ich komme aus der Stadt«, sagt er.

»Du hast nie eine Einkaufstasche dabei«, sagt Annika.

»Ich gehe nicht einkaufen«, sagt er. »Einfach unter die Leute.«

»Wollishofen«, sagt eine Stimme aus dem Lautsprecher.

»Wo wohnst du eigentlich?«, fragt Annika.

»In Thalwil«, sagt er.

»Wo in Thalwil?«, will Annika wissen.

»Irgendwo«, sagt er.

»Keine Angst, ich komme dich nicht besuchen«, sagt

Annika. »Du kannst ja mich besuchen kommen, dann siehst du Mutter wieder. Ihr könntet euch wieder vertragen. Sie hat keinen Freund, wartet möglicherweise auf dich.«

Er schüttelt den Kopf, sagt leise: »Um mir den Kopf abzuschlagen.«

Annika steht auf, sagt im Gehen: »Ziemlich verschwiegen, mein Vater, hat wohl so einiges auf dem Kerbholz.« Sie bleibt beim Ausgang stehen, schaut zu ihm hinüber; schenkt ihm beim Aussteigen ein zaghaftes Lächeln.

Annika will in der Stadt herausfinden, wohin ihr Vater an einem Donnerstagnachmittag geht und wo er wohnt, und schwänzt dafür die Schule. Sie hat ihren Schulkameradinnen gesagt, sie fühle sich nicht wohl, sie sollten sie doch bei der Lehrerin entschuldigen. Die Lehrerin hat der Sache nicht getraut und bei Annika zu Hause angerufen. Nun stellt der Grossvater Annika zur Rede und verlangt, dass sie ihm sagt, wo sie gewesen ist.

»Wenn du ehrlich bist, werde ich der Mutter nichts davon sagen«, verspricht er.

»Ich weiss jetzt, wer mein Vater ist, wo er wohnt und was er so treibt«, sagt Annika. »Jetzt muss ich nur noch wissen, weshalb er mir vorenthalten wurde.«

»Du darfst ihn auf gar keinen Fall mehr sehen!«, sagt der Grossvater.

»Er ist mein Vater, ich habe ein Recht darauf, ihn zu

kennen«, sagt Annika. »Er ist kein schlechter Mensch, halt nur ein wenig scheu, und er hat keinen richtigen Beruf. Er ist ein Künstler.« Sie hat am Nachmittag gesehen, wie er in ein Malatelier ging. »War euch ein Künstler als Schwiegersohn zu wenig?«, fragt sie.

»Er war damals noch ein Jugendlicher. Er hatte deine Mutter missbraucht und kam dafür in eine Erziehungsanstalt«, sagt der Grossvater. »Er wurde für das Unrecht bestraft. Er hat es sich selbst zuzuschreiben, dass aus ihm nichts geworden ist.«

»Das stimmt nicht!«, sagt Annika. »Der macht so etwas nicht.«

»Er wurde von der Jugendstrafanwaltschaft verurteilt«, bricht es nun aus dem Grossvater heraus. »Wir haben ursprünglich auf der anderen Seite des Zürichsees gewohnt, waren angesehene Leute, bevor es geschah. Wir mussten nach dem Vorfall wegziehen. Die Leute haben mit dem Finger auf uns gezeigt, und das, obwohl deine Mutter das Opfer war. Deine Grossmutter hat es nie überwunden, sie ist daran zugrunde gegangen. Er ist rechtmässig für die Tat verurteilt worden. Wäre er ein Erwachsener gewesen, wäre er dafür mit Gefängnis bestraft worden. Du darfst ihn nie mehr wiedersehen, versprich mir das.« Annika sagt nichts, schaut ihren Grossvater nur ungläubig an und verlässt das Büro.

Annika findet heraus, wo ihre Grosseltern früher gewohnt haben. Sie geht in die dortige Bibliothek und sucht in alten Zeitungsartikeln nach Informationen über das Geschehen. Sie findet heraus, dass es damals heftige Kontroversen um den Vorfall gab, um den Umgang mit dem Sexualstraftäter. Viele forderten ein hartes Vorgehen gegen den Täter, pochten auf null Toleranz. Annika findet jedoch auch heraus, dass es damals nicht wenige gab, die nicht glauben konnten, dass er die Tat begangen hatte.

Wie schon in der Woche zuvor ist Annika wieder nicht im Zug. Der Mann sitzt mit vergrämtem Gesicht an seinem angestammten Platz. Als er nach Hause kommt, bleibt er in einiger Entfernung erschrocken und erstaunt stehen. Annika steht vor der Tür. Dann geht er auf sie zu.

»Das ist gefährlich, was du da machst«, sagt er, »man kann uns sehen.«

»Wir sind Vater und Tochter«, sagt Annika, »weshalb sollte man uns nicht sehen? Wir wurden im Zug ja auch zusammen gesehen.«

»Im Zug ist es etwas anderes. Da ist es eine Zufallsbekanntschaft«, sagt er.

»Das beleidigt mich jetzt aber«, sagt Annika, »dass du in deinem eigenen Fleisch und Blut nur eine Zufallsbekanntschaft siehst. Wir haben uns dort gefunden.«

»Entschuldigung«, sagt er, »ich habe das nicht so gemeint.«

Die beiden stehen für eine Weile schweigend da. Er macht keine Anstalten, die Haustüre aufzuschliessen.

»Ich gehe nicht von hier weg«, sagt Annika, »bevor das jetzt nicht geklärt ist.«

Er schaut ängstlich um sich, schliesst dann die Haustüre auf und lässt Annika herein.

Die Wohnung besteht nur aus einem einzigen Zimmer. Die Küche ist ins Wohnzimmer integriert. Die Einrichtung ist sehr spartanisch. Tisch, Bett und Stuhl. Kein Fernseher ist zu sehen. Auch keine Musikanlage. Die Wände sind leer. »Weshalb hast du keine Bilder an den Wänden?«, fragt Annika, »du malst doch.«

»Ich gehe zur Maltherapie«, sagt er. »Ich hänge keine eigenen Bilder auf. Dies hier ist ein Ort, um zu vergessen.«

»Um zu vergessen, was du Mutter angetan hast?«, fragt Annika.

»Genau«, sagt er.

»Du hast sie missbraucht?«, sagt Annika fragend.

Er lässt den Kopf hängen, schaut zu Boden.

»Ich will jetzt wissen, was damals genau geschehen ist«, sagt Annika. »Ich muss die Wahrheit wissen, die ganze. Ich weiss, was in den Zeitungen geschrieben wurde.«

»Dann weisst du auch, was damals geschehen ist«, sagt er. »Ich wurde verurteilt, weil ich deine Mutter missbraucht habe.«

»Da waren einige, die für dich Partei ergriffen habe«, sagt Annika. »Deine Lehrer, Mitschüler, Nachbarn, selbst Leute, die dich nicht mochten, dich einen komischen Kauz nannten, haben gesagt: Der? Niemals!«

»Das spielt keine Rolle. Es ist die Stimme des Opfers, die zählt«, sagt er, »und das ist auch recht so.«

»Ich will wissen, was passiert ist«, sagt Annika.

»Da war ein Fest«, beginnt er nach einigem Zögern. »Der zehntausendste Einwohner wurde gefeiert und die Turnhalle zu einem Festlokal umfunktioniert. Wir Oberstufenschüler wurden dazu angehalten, mitzuhelfen. Es begann damit, dass wir hinterher aufräumen mussten. Da waren Weinflaschen auf den Tischen, die noch nicht ganz leer getrunken waren. Anstatt den Wein wegzuschütten, haben einige Schüler ihn getrunken, darunter auch deine Mutter. Sie hat ihn nicht vertragen, viele andere auch nicht. Sie haben weitergetrunken, sogar neue Flaschen geöffnet. Am Ende war deine Mutter ganz betrunken.

Der Schulhausabwart forderte mich auf, deine Mutter nach Hause zu bringen. Ich habe sie bis vor die Haustüre begleitet. Sie war nicht in der Lage, aufzuschliessen. Ich musste es tun. Ich habe deine Mutter dann bis vor die Wohnungstüre gebracht, habe geklingelt. Es hat niemand aufgemacht. Während ich aufschloss, hat sich deine Mutter an mich angelehnt, sie wäre sonst umgefallen. Ich habe sie gestützt, in die Wohnung begleitet und im Wohnzimmer auf das Sofa gelegt. Da ist es dann passiert.«

»Was passiert?«, fragt Annika.

Er blickt zu Boden, schweigt.

»Weshalb?«, will Annika wissen.

»Das ist die Frage, die ich mir selbst stelle«, sagt er. »Tag und Nacht.«

Er hat Tränen in den Augen. Es ist Annika peinlich, ihn so zu sehen. Sie weiss nicht, was sie sagen soll, und legt ihre Hand auf seinen Arm.

Da fliegt die Tür auf, zwei Polizeibeamte stürmen in den Raum und rufen: »Stopp! Sie sind festgenommen!«

Annika lässt erschrocken von ihm ab, sagt: »Nein, er hat mir nichts getan. Ich bin seine Tochter. Ich bin von mir aus hierhergekommen. Er hat nichts davon gewusst.«

»Vorläufig ist er festgenommen«, sagt einer der Polizeibeamten, »bis das geklärt ist.« Einer der Beamten nimmt ihren Vater am Arm und führt ihn ab.

»Das wollte ich nicht«, sagt Annika, als sie die Wohnung verlassen.

Der andere Polizeibeamte bleibt bei Annika. Er nimmt ihre Personalien auf und begleitet sie nach Hause.

Die Mutter und der Grossvater sitzen stumm da, nachdem der Polizeibeamte gegangen ist, und schauen auf die Tischplatte vor sich. Die Stille ist unerträglich.

»Ich –«, sagt Annika.

»Du sagst gar nichts«, fällt der Grossvater ihr ins Wort. »Du wirst diesen Mann nie wiedersehen. Versprich es!«

Annika schweigt.

»Bist du dir bewusst, was du deiner Mutter damit angetan hast?«, fragt der Grossvater.

»Das tut mir leid«, sagt Annika, »das weiss sie. Aber auch ich muss mit ihm auf meine Art klarkommen.« Ich bin ein Teil von ihm, denkt sie.

Wer andern eine Grube gräbt

Das Mädchen fiel auf. Es hüpfte vergnügt neben seiner Mutter her, hatte ein Lachen im Gesicht, freute sich offensichtlich über etwas, worüber sich Mädchen in seinem Alter eben so freuen. Es war kein kleines Kind mehr, aber auch noch kein grosses. Es war die Kleidung, durch die das Mädchen auffiel. Es trug ein cremefarbenes, fast weisses feingestricktes Wollkleid und schneeweisse Socken. Seine Füsse steckten in schwarzen Lackschuhen, in denen man sich hätte spiegeln können. Alles schien sehr edel und teuer. Wie auch die Kleidung seiner Mutter, die fast identisch angezogen war. Das Mädchen war auch sonst ihr Ebenbild, mit den feinen Gesichtszügen, den rehbraunen Augen und dem langen blonden, glänzenden Haar. Doch die Kleidung wollte so gar nicht zu der unbekümmerten fröhlichen Art des Mädchens passen. Man hätte es sich eher in Kleidern, wie sie Pippi Langstrumpf tragen würde, vorgestellt: strapazierfähige, pflegeleichte Kleider, mit denen man auf dem Abenteuerspielplatz oder im Wald hätte herumtollen können.

Die Mutter blieb vor einem Juweliergeschäft stehen

und musterte die Auslage. Das Mädchen wollte sich auf den Mauervorsprung vor dem Schaufenster setzen.

»Nein, nicht!«, sagte die Mutter. »Pass auf das Kleidchen auf, es kann nicht gewaschen werden!«

Nun hüpfte das Mädchen um einen nahen Baum herum und setzte sich dann auf die Bank davor. Wohl wissend, dass es dauern könnte, bis sich seine Mutter vom Schaufenster losreissen konnte. Es baumelte mit den Beinen, sang einen Kinderreim und beobachtete die Manöver eines Kleintransporters, der auf das Trottoir fuhr und direkt vor ihm parkte. Es hätte das Fahrzeug mit den Füssen berühren können, so nahe war es herangefahren.

Als die Mutter sich schliesslich vom Schaufenster wegdrehte, um dem Kind zu sagen, dass sie jetzt gehen würden, war es verschwunden. Sie lief durch die Gassen der Altstadt, schaute in Ladengeschäfte, in Höfe, ging an den See und zur Voliere – ihre Tochter liebte es, dort mit dem Papageien zu sprechen –, konnte ihre Tochter jedoch nirgends finden. Auf dem Weg zurück zum Juweliergeschäft kam sie an der Produktionsstätte einer Metzgerei vorbei. Die Türe stand offen. Sie trat ein, rümpfte die Nase ob des Geruchs von rohem Fleisch und Blut und fragte einen Angestellten, der mit einem grossen Messer eine aufgehängte Kuhhälfte bearbeitete, ob er vielleicht ihre Tochter gesehen habe, sie sei weggelaufen. »Ich hatte sie nur für einen kurzen Augenblick aus den Augen gelassen und schon war sie verschwunden«, sagte sie.

»Ich glaube nicht, dass dies der richtige Ort ist, um nach ihr zu suchen«, sagte der Metzgereiangestellte.

»Da könnten Sie sich täuschen, meine Tochter ist sehr neugierig.«

»Sie verlieren besser keine Zeit und gehen zur Polizei gleich hier um die Ecke und bitten die um Hilfe.«

»Ich weiss, wo die Polizei ist, ich bin von hier«, sagte die Frau schnippisch. Sie drehte sich um und fragte im Gehen noch einmal: »Sie sind sich ganz sicher, dass meine Tochter nicht hier ist?«

»Ich wüsste nicht, was sie hier machen sollte«, sagte der Metzgereiangestellte.

»Ich werde die Polizei als Erstes hier vorbeischicken. Es passieren allerhand Sachen durch Leute mit einem grossen Messer in der Hand.«»Machen Sie das«, sagte der Metzgereiangestellte verärgert. »Sie labern hier rum, halten mich von der Arbeit ab, während Ihre Tochter womöglich im See ertrinkt oder einer Entführung zum Opfer fällt.«

»Meine Tochter kann schwimmen und sie lässt sich von niemandem entführen. Das würde den Entführern nicht guttun.«

»Das glaube ich Ihnen aufs Wort, wenn sie Ihnen nachschlägt.«

Das Mädchen sitzt hinten im Polizeibus. Sein Gesicht ist fahl, seine Stirn gerunzelt. Die Hände sind zu Fäusten geballt. Es trägt ein verschmutztes feingestricktes Wollkleid, die Lackschuhe an seinen Füssen und die weissen Socken sind völlig verdreckt. Ein Jogger hatte das Mädchen frühmorgens am Waldrand angetroffen und sofort die Polizei benachrichtigt. Er war in sicherem Abstand stehen geblieben, denn das Mädchen hielt ein grosses blutbeflecktes Messer in der Hand. Er wartete dort, bis die Polizei eintraf. Das Mädchen sei einfach nur so dagesessen, berichtete er, habe sich nicht gerührt, als warte es darauf, von jemandem abgeholt zu werden.

»Du bist die Jenny?«, fragt die Polizeibeamtin, die im Bus dem Mädchen gegenübersitzt. »Es ist jetzt alles gut, niemand will dir mehr etwas Böses antun, du bist in Sicherheit. Gleich wird der Krankenwagen kommen und dich ins Spital bringen, wo man dich ärztlich versorgt. Willst du mir vorher noch sagen, ob es Verletzte gibt, die vielleicht unsere Hilfe brauchen?«

Das Mädchen schüttelt schwach den Kopf.

»Wir möchten doch nicht, dass jemand stirbt, dem wir vielleicht noch helfen könnten«, meint die Polizeibeamtin.

Das Mädchen schweigt. Ein Einsatzfahrzeug fährt vor. Mehrere Beamte steigen aus. Einer von ihnen steckt seinen Kopf in den Bus.

»Wir haben keinerlei Angaben zum Ort des Geschehens«, sagt die Polizeibeamtin zu ihm.

»Will die Kleine nicht reden?«, fragt der Beamte, an das Mädchen gerichtet. »Es würde uns die Arbeit erleichtern.«

»Schon gut«, sagt die Polizeibeamtin.

Draussen schwärmen Männer in blauen Overalls in den Wald aus, vor dem das Mädchen gestanden hatte.

Das Mädchen sitzt auf einer Designercouch, neben ihm die Mutter. Alles glänzt und glitzert in dem riesigen durchgestylten Wohnzimmer. Den beiden gegenüber, auf zwei Sesseln, sitzen eine Polizeibeamtin und ihr Kollege in Zivil. Das Mädchen trägt ein Strickkleid, fast identisch mit jenem, welches es trug, als es verschwand. Es schaut teilnahmslos auf die schwarz glänzenden Lackschuhe an seinen Füssen. Das Kind war nach nur einer Nacht im Spital wieder entlassen worden, nachdem keine Verletzungen an ihm festgestellt worden waren. Man hätte es gern noch etwas länger zur Beobachtung dabehalten. Die Mutter jedoch hatte darauf gedrängt, ihre Tochter mit nach Hause nehmen zu dürfen, und das Mädchen war damit einverstanden. Es sitzt da, als wäre es nie weg gewesen. Die Furchen auf seiner Stirn sind verschwunden, der fahle Teint ist einer gesunden Blässe gewichen.

»Lass uns beginnen«, sagt der Polizeibeamte an seine Kollegin gerichtet. Diese nickt.

»Wir hätten gern Ihren Mann dabeigehabt«, sagt der Beamte. »Wir müssen Ihrer Tochter ein paar Fragen stellen, müssen bei der einen oder anderen nachhaken – und es sind womöglich auch unangenehme Fragen darunter.«

»Und da bin ich Ihnen nicht gut genug«, sagt die Mutter des Mädchens, sichtlich beleidigt. »Dieser

Metzgereiangestellte hat Ihnen wohl dummes Zeug über mich erzählt. Sie sollten besser dem auf die Finger schauen. Der fuchtelte mit einem grossen Messer herum, mit so einem, wie Sie es bei meiner Tochter gefunden haben, als sie gestern wieder aufgetaucht ist.«

»Welcher Metzgereiangestellte?«, fragt der Beamte erstaunt. »Sie haben uns nie etwas von einem Metzgereiangestellten erzählt. Weshalb? Es hätte vielleicht einiges vermieden werden können, würden Sie uns nicht erst jetzt von ihm erzählen.«

»Das Messer, das in der Hand des Mädchens war«, wirft die Beamtin ein, »ist eines, wie es zum Schneiden von Gemüse verwendet wird, sagen unsere Experten. Was natürlich nicht ausschliesst, dass auch ein Metzger ein solches Messer benutzt.«

»Kann ich hier irgendwo ungestört telefonieren?«, fragt der Beamte.

»Im Flur«, sagt die Mutter des Mädchens.

»Wo waren wir stehen geblieben?«, fragt der Beamte, als er wieder zurück ist. »Ah ja. Der abwesende Vater«, gibt er sich selbst die Antwort. »Es wäre besser, wenn Ihr Mann involviert wäre.«

»Er weilt im Ausland«, sagt die Mutter. »Er macht Geschäfte, bei denen man nicht einfach davonlaufen kann, sonst verliert man viel Geld.«

»Und trotzdem«, sagt der Beamte, »er ist der Vater des Mädchens. Man würde erwarten, dass ein Vater für sein Kind alles stehen und liegen lässt, wenn es entführt worden ist.«

»Er hat das Geld sofort überwiesen, hat dafür seine Geschäfte unterbrochen«, sagt die Mutter.

»Ihr Mann hat das Geld in einer Währung überwiesen, die nicht verfolgt werden kann. Wir hatten so keine Gelegenheit, herauszufinden, woher das Geld stammt.«

»Dafür ist das Kind am Leben«, sagt die Mutter. »Das zeigt ja nur, dass ihm das Kind wichtiger ist als das Geld. Und ausserdem, es wurde so verlangt von den Entführern.«

»Das ist ein weiterer Punkt, über den wir nicht informiert worden sind«, sagt der Beamte. »Es hätte auch anders ausgehen können und wir hätten das Mädchen nie gefunden, so ganz ohne Anhaltspunkte.«

»Fühlst du dich in der Lage, uns ein paar Fragen zu beantworten?«, unterbricht die Beamtin ihren Kollegen und richtet sich an das Mädchen. Das Mädchen antwortet nicht.

»Sie fühlt sich in der Lage«, sagt die Mutter. »Wir wollen die Beamten doch nicht zu lange aufhalten«, sagt sie zum Mädchen.

Die Beamtin schaut das Mädchen freundlich fragend an. Das Mädchen nickt.

»Sagt dir das etwas, wenn ich ›Metzger‹ sage?«, fragt sie das Mädchen.

Es schüttelt den Kopf.

»Und ›Gemüse schneiden‹?«

Das Mädchen zuckt mit den Schultern.

»Das Blut auf dem Messer ist nicht deines, sagen unsere Forensiker. Willst du uns sagen, von wem es ist?«, fragt sie.

Das Mädchen schweigt.

»Unsere Leute sind immer noch unterwegs«, sagt die Beamtin, »die möchten auch gern nach Hause gehen. Willst du uns nicht wenigstens sagen, wo wir die Person finden können, deren Blut auf dem Messer ist?«

»Im Wald«, öffnet das Mädchen zum ersten Mal seinen Mund.

»In dem Wald, vor dem du gestern gefunden wurdest?«, fragt die Beamtin.

Das Mädchen nickt.

»Unsere Leute haben gestern den ganzen Tag, bis es dunkel wurde, den Wald abgesucht. Auch schon vorher, als du verschwunden warst. Wir haben kein Versteck gefunden.«

»Da ist kein Versteck«, sagt das Mädchen.

»Was heisst das, da ist kein Versteck?«, bringt sich der Beamte wieder ein. »Du bist gestern völlig schmutzig aus dem Wald gekommen. Wie hast du dir dein Kleid so verdreckt und die Schuhe?«

»Ich musste das Grab wieder zumachen«, sagt das Mädchen.

»Welches Grab?«, fragt der Beamte.

»Das Grab, in das ich den Mann getan habe«, sagt das Mädchen.

»Du willst mir also erzählen, dass du einen Mann

im Wald vergraben hast«, sagt der Beamte, »ihn womöglich –«

Seine Kollegin stösst ihn an und fragt das Mädchen: »Willst du mir sagen, wo im Wald das war? Musstest du weit gehen?«

»Ja«, sagt das Mädchen.

Das Mobiltelefon des Polizeibeamten klingelt. Er entschuldigt sich und geht in den Flur.

»So, jetzt können wir ungestört reden«, sagt die Beamtin mit einem Augenzwinkern, »von Frau zu Frau. Du hast also einen Mann vergraben. Wann war das? War es Tag oder Nacht?«

»Es war dunkel«, sagt das Mädchen.

»Es war Morgen, als du gefunden wurdest. Hat es so lange gedauert, den Mann zu vergraben?«

»Ich musste noch einmal zurück, ich hatte das Messer vergessen«, sagt das Mädchen.

»Und du hast den Weg aus dem dunklen Wald und zurück ganz alleine gefunden?«, fragt die Beamtin.

»Meine Tochter ist nicht blöd«, mischt sich die Mutter ein.

»Wir … Ich habe mir den Weg gemerkt«, sagt das Mädchen, »und ich hatte eine Taschenlampe.«

Der Beamte kommt ins Wohnzimmer zurück und setzt sich hin.

»Kennst du eine junge Frau, die Marianne heisst?«, richtet er sich an das Mädchen. Zu seiner Kollegin sagt er: »Die junge Frau, die gestern Nacht mit blutverschmierten Kleidern im Nachbarkanton, der an den Wald angrenzt, aufgegriffen wurde. Sie ist jetzt ansprechbar. Kennst du sie?«, richtet er sich wieder an das Mädchen.

»Sie ist es nicht gewesen«, sagt das Mädchen, »ich habe es getan.«

»Aber du kennst sie?«, fragt der Beamte.

Das Mädchen nickt.

»Woher?«

»Sie hat nach mir geschaut. Sie war aber immer lieb zu mir, hat sich entschuldigt, dass ich dort sein musste.«

»Und weshalb hat sie dann bei der Entführung mitgemacht, wenn sie es nicht richtig findet?«, fragt der Beamte. Das Mädchen zuckt mit den Schultern. Der Beamte erhält erneut einen Anruf. Diesmal bleibt er sitzen. »Wir haben die beiden gefunden«, sagt er. »Die junge Frau wusste, wo sie zu finden sind. Sie spricht jetzt.«

»Die beiden? Es waren zwei?«, fragt die Beamtin erstaunt.

»Zwei«, sagt der Beamte. »Zwei junge Männer.«

»Du warst mit Marianne und zwei Männern im Wald?«, richtet sich der Beamte an das Mädchen. Es schüttelt den Kopf. »Da sind zwei Männer im Wald begraben und du weisst nichts von einem zweiten Mann?«, fragt er.

»Da war der eine Mann, der mich ins Auto gezogen hat«, sagt das Mädchen.

»Erzählst du uns von ihm und davon, was geschehen ist?«, übernimmt wieder die Beamtin.

»Ein Auto ist ganz nahe an mich herangefahren. Dann ist die Türe aufgegangen und der Mann hat mich in das Auto hineingezogen.«

»Wieso hast du dich nicht gewehrt? Hast du nicht geschrien?«, fragt die Mutter des Mädchens.

»Er hat mich ganz fest gepackt und mir den Mund zugehalten. Alles ist ganz schnell gegangen.« Die Stimme des Mädchens zittert. Es zeigt zum ersten Mal Gemütsregungen.

»Und dann?«, fragt die Beamtin.

»Dann ist das Auto losgefahren.«

»Und ist der Mann, der dich ins Auto gezogen hat, gefahren?«, fragt die Beamtin.

»Nein, er hat mich ja festgehalten. Aber dann hat das Auto angehalten. Der Mann hat mir die Augen verbunden, hat mich auf den Boden gedrückt und wollte mir den Mund zukleben. Ich habe ihn gebissen«, sagt das Mädchen mit stockender Stimme.

»Möchtest du eine Pause einlegen?«, fragt die Beamtin.

»Wir würden lieber vorwärtsmachen«, sagt die Mutter.

Das Mädchen nickt. »Der Mann ist böse geworden und hat gesagt, dass er etwas ganz Schlimmes mit mir machen wird, wenn ich jetzt nicht sofort stillhalte. Danach hat er mir den Mund zugeklebt. Dann ist die

Türe aufgegangen und er war nicht mehr da. Das Auto ist weitergefahren.«

»Wann seid ihr ausgestiegen?«, fragt die Beamtin.

»Ich weiss nicht, ich glaube, es war dunkel. Ich habe nichts gehört und es war anders dunkel unter der Augenbinde, als die Türe aufging und ich aussteigen musste.«

»Und dann seid ihr zu Fuss weitergegangen?«, fragt die Beamtin.

»Nein, ich musste in ein anderes Auto einsteigen und wir sind weitergefahren.«

»Hat die Fahrt lange gedauert?«

»Ich weiss nicht. Ich musste mich auf das Polster legen und bin eingeschlafen.«

»Kein Wunder, nach dem langen und aufregenden Tag«, sagt die Beamtin. »Und wo ihr dann ausgestiegen seid, weisst du nicht mehr?«

»Ihre Augen waren verbunden«, sagt die Mutter.

»Ich bin aufgewacht, und er hat mich getragen«, sagt das Mädchen. »Er hat mich auf eine Matratze gelegt und gesagt, ich soll weiterschlafen.«

»Und das konntest du so einfach?«, fragt die Beamtin.

»Sie hat einen guten Schlaf«, sagt die Mutter.

»Ist er bei dir geblieben?«

»Ich weiss nicht. Als ich aufgewacht bin, war er da.«

»Und was ist dann geschehen?«

»Er hat mir die Fesseln abgenommen und das Klebband vom Mund, hat mir ein Brötchen in die Hand gegeben und eine Flasche zum Trinken und ist dann wieder gegangen.«

»Und die Augenbinde?«, fragt die Beamtin.

»Ich müsse sie anbehalten, hat er gesagt, sonst passiere etwas ganz Schlimmes. Ich habe aber einmal unten durchgeguckt.«

»Das heisst, du hast den Raum gesehen, in dem du festgehalten wurdest. Kannst du ihn beschreiben?«

Das Mädchen zuckt mit den Schultern, sagt: »Halt ein Raum.«

»Und es gibt nichts, was dir aufgefallen wäre?«

»Die Tür hatte eine ganz lange Türklinke und es hat komisch gerochen, wie nach Gemüse.«

»Ein Kühlraum«, sagt der Beamte, »um Gemüse frisch zu halten.«

»War dir kalt?«, fragt die Beamtin.

»Nein«, sagt das Mädchen.

»Der Gemüsehändler gegenüber von dem Juwelier«, sagt der Beamte zu seiner Kollegin, »der hat zurzeit Betriebsferien. Der Kühlraum ist daher abgeschaltet.« Er entschuldigt sich und geht in den Flur.

»Ist der Mann zurückgekommen?«, fragt die Beamtin.

»Nein«, sagt das Mädchen.

»Du warst dort die ganze Zeit alleine?«

»Nein, eine Frau ist gekommen.«

»Marianne?«

»Ja.«

Die junge Frau sitzt aufrecht in ihrem Krankenbett und beantwortet die Fragen von zwei Polizeibeamten. Sie hatte ihnen nach Stunden des Schweigens verraten, wo sich die Person befindet, von der das Blut auf ihren Kleidern stammt.

»Sie kennen Jenny?«, fragt einer der beiden Beamten.

»Ja«, sagt die junge Frau.

»Das heisst, Sie haben mit den beiden inzwischen toten Männern das Mädchen entführt?«

»Nein«, sagt die junge Frau, »ich bin erst später dazugekommen. Ich bin ihr erst im Versteck begegnet. Ich habe von der Entführung bis zu dem Moment, als Walter mich anrief und bat, sofort vorbeizukommen, nichts gewusst.«

»Walter, das ist einer der Toten?«, fragt der Beamte.

»Ja«, sagt die junge Frau.

»Und?«, fragt der Beamte. »Erzählen Sie! Lassen Sie sich nicht alles aus der Nase ziehen.«

»Walter ist der Sohn des Gemüsehändlers. Er wollte, dass ich auf das Mädchen aufpasse. Weil Jamie, der vorher auf sie aufgepasst hatte, glaubte, das Mädchen zu kennen. Er sei ihm schon einmal begegnet und es könnte sich möglicherweise auch an ihn erinnern.«

»Jamie, das ist der zweite Tote im Grab, nehme ich an?«, sagt der Beamte. Die junge Frau nickt.

»Weshalb hat Walter gerade Sie geholt, weshalb hat er nicht selbst nach dem Mädchen geschaut?«

»Er wollte sich heraushalten. Er hatte alles sorgfältig geplant, wollte jedoch nicht von dem Kind gesehen und womöglich erkannt werden«, sagt die junge Frau.

»So wie Jamie?«, fragt der Beamte. »Wissen Sie, wieso Jamie glaubte, dass ihn das Mädchen kennen könnte?«

»Jamie hatte im letzten Jahr für einige Zeit beim Gemüsehändler gearbeitet. Als jemand anderes ausfiel, half er beim Ausfahren des Gemüses. Er glaubte, dass das Mädchen ihm die Türe geöffnet hatte, als er bei einer Lieferadresse klingelte.«

»Was ist Ihre Verbindung zu Jamie und Walter?«, fragt der Beamte.

»Jamie und ich sind Bewohner einer Einrichtung für die Resozialisierung von Drogenabhängigen. Wir waren beide für einige Zeit zur Wiedereingliederung in die Arbeitswelt bei dem Gemüsehändler angestellt. Walter arbeitete im Geschäft seiner Eltern.«

»Sie und dieser Jamie arbeiteten also beide zur gleichen Zeit beim Gemüsehändler?«, fragt der Beamte.

»Nein, ich war zuerst dort, musste Jamie dann aber einarbeiten, so waren wir für ein paar Tage gleichzeitig dort.«

»Und Ihre Beziehung zu den beiden?«, möchte der Beamte wissen.

»Ich war erst mit Jamie befreundet, dann hat sich Walter für mich interessiert.«

»Wie eng waren Sie und Walter befreundet?«

»Wir haben uns, nach meiner Zeit beim Gemüsehändler, oft getroffen. Seine Eltern jedoch waren gegen unsere Beziehung. Sie sind zwar sozial eingestellt und lassen Leute wie mich und Jamie bei sich arbeiten, aber dass ihr Sohn mit so einer wie mir etwas zu tun hat, das wollten sie dann doch nicht.«

»Und die Beziehung von Walter zu seinen Eltern, können Sie uns darüber etwas sagen?«, fragt der Beamte.

»Sein Vater wollte, dass er einmal das Geschäft übernimmt. Walter jedoch hatte anderes vor. Er wollte nicht sechs Tage die Woche jeden Morgen um fünf Uhr aufstehen und abends bis acht Uhr schuften – für das bisschen Geld. Er hätte es gern gesehen, wenn der Vater ihm sein Erbe bevorschusst hätte. Damit er etwas Eigenes hätte aufbauen können; etwas, das mit weniger Aufwand mehr Geld eingebracht hätte. Etwas mit Computern. Seine Mutter hat immer nur genickt, wenn ihr Mann etwas gesagt hat, auch bei Walter.«

»Weshalb haben Sie nicht sofort die Polizei eingeschaltet, als Walter Sie in seine Pläne eingeweiht hat?«, fragt der Beamte.

»Ich weiss es nicht. Dem Mädchen ging es gut, wir haben uns gut verstanden. Und dann ging auch alles so schnell und unkompliziert, auch mit der Lösegeldzahlung. Ich dachte, dass es in kurzer Zeit vorüber sei. Es wäre eine Chance für mich gewesen. Ich wäre in Kürze aus dem Wiedereingliederungsprogramm entlassen worden, hätte jedoch bei Null anfangen müssen. Walter war sehr gut am Computer, er hat die ganze Buchhaltung für seine Eltern gemacht. Und die Idee, dass er selbst nicht in Erscheinung tritt, machte mich glauben, dass es gelingen könnte. Ich hätte ein Startgeld für einen Neuanfang bekommen, hätte weit weggehen können, das alte Leben hier hinter mir gelassen.«

»Trotzdem«, sagt der Beamte, »jemand mit gesundem Menschenverstand hätte so etwas ablehnen müssen.«

»Ich war ihm noch etwas schuldig«, sagt die junge Frau.

»Und das war?«, fragt der Beamte.

»Es hatte einmal Geld in der Kasse gefehlt. Ich wurde verdächtigt. Walter hat es auf sich genommen.«

»Wie kommt es, dass Walter das Mädchen kannte?«, fragt der Beamte.

»Die Kleine lief fast täglich mit ihrer Mutter auf der anderen Strassenseite entlang. Walter stand oft am Fenster, wenn die beiden vorbeigingen. Als hätte er gewusst, um welche Zeit sie kommen. Jedes Mal hat er gesagt: Das Geld von denen sollte man haben. Ich habe mir damals nicht viel dabei gedacht.«

»Woher wusste Walter, dass sie Geld haben?«, fragt der Beamte.

»Das weiss ich nicht. Ich glaube aber, die Frau war einmal zusammen mit ihrem Mann in der Zeitung abgebildet. Sie hatten eine grössere Geldsumme an eine kulturelle Einrichtung gespendet. Die Frau, glaube ich, entstammt einer der besseren Familien von hier und hat einen reichen Geschäftsmann geheiratet.«

Einer der Beamten verlässt das Krankenzimmer, um auf dem Flur zu telefonieren.

»Der Mann ist also nicht wiedergekommen und du hast auch keine Ahnung, wer er war?«, fragt die Beamtin.

»Ich glaube, ich weiss es jetzt, wer er war«, sagt das Mädchen, » … wegen dem Gemüsehändler.«

»Dem Gemüsehändler?«, fragt die Beamtin.

»Letztes Jahr war die Haushälterin einmal nicht da. Mutter hat sie weggeschickt.«

»Sie hat Sachen entwendet«, sagt die Mutter, »sie hat gestohlen.«

»Ich habe die Türe aufgemacht und das Gemüse entgegengenommen.«

»Was du nicht hättest tun sollen«, sagt die Mutter.

»Ich glaube, es war der Mann, der das Gemüse gebracht hat.«

»Du hattest eine Augenbinde auf, du hast ihn nicht gesehen«, sagt die Beamtin.

»Ja, aber seine Stimme gehört, als er mit mir geschimpft hat. Er hatte so eine komische Stimme.«

»Warst du lange alleine in dem Raum, bevor Marianne kam?«, möchte die Beamtin wissen.

»Ich glaube nicht. Es kam mir nur lange vor, weil ich auf die Toilette musste. Aber dann ist Marianne gekommen und hat mir die Toilette gezeigt.«

»Du durftest also die Augenbinde abnehmen?«

»Nein, Marianne hat mich zur Toilette geführt. In der Toilette hat sie mir ganz leise gesagt, dass ich unter der Augenbinde hervorschauen dürfe, wenn ich wohin müsse, dass ich sie aber aufbehalten müsse. Und dass ich sie auf gar keinen Fall sehen dürfe. Weil das ganz gefährlich sei, für mich und für sie.«

»Das heisst, Marianne war nicht die ganze Zeit bei dir?«

»Nein, sie musste wieder gehen, wegen der Arbeit, hat sie gesagt. Aber sie hat die Türe offen gelassen, damit ich genug Luft bekam und zur Toilette gehen konnte.«

»Und da konntest du nicht weglaufen oder um Hilfe schreien?«, möchte die Beamtin wissen.

»Die Toilette war gleich ausserhalb des Raumes. Und da war noch eine Türe. Marianne hat gesagt, ich solle nicht probieren, sie aufzumachen, sie sei sowieso geschlossen. Ich solle nur rausgehen, wenn ich wirklich zur Toilette gehen müsse, weil man sehen und hören könne, was ich mache.«

»Hattest du nie Angst?«, will die Beamtin wissen.

»Ein bisschen schon, wenn ich alleine war. Aber wenn Marianne da war, war es wieder gut. Sie hat sich immer entschuldigt, hat gesagt, dass es ihr leidtut und dass bald alles vorbei sei. Und sie hat mir vorgelesen und war lieb zu mir.«

»Aber es war dann Marianne, die dich abholte und mit dir in den Wald fuhr?«, fragt die Beamtin.

»Ja«, sagt das Mädchen.

»Hat es dir keine Angst gemacht, als sie dich holen kam und mit dir wegging?«

»Sie hat mir gesagt, dass ich keine Angst haben müsse, dass sie bei mir sei und mich beschützen werde. Dass ich einfach denken soll, es sei ein Spiel, was jetzt geschieht. Ich glaube, sie hat geweint, als sie mich fesselte. Sie hat gesagt, dass sie mir den Mund nicht zukleben werde, dass ich aber nicht sprechen dürfe, dass ich einfach denken soll, mein Mund wäre zugeklebt.«

»Ihnen sind nie Zweifel gekommen, nachdem Sie sich auf die Sache eingelassen hatten?«, fragt der Beamte.

»Erst, als er von mir verlangte, das Mädchen zu fesseln, ihm die Hände auf den Rücken zu binden, mit ihm ans andere Ende des Waldes zu fahren und von dort zu einer bestimmten Stelle im Wald zu gehen, wo eine Picknickdecke am Boden ausgebreitet sei. Es war nur so ein Gefühl. Alles war so minutiös geplant, so kalt.«

»Jetzt plötzlich«, sagt der Beamte.

»Ich musste das Mädchen anfassen, ihm Unrecht tun.«

»Wann wurde Ihnen klar, dass ein Verbrechen geschehen sollte?«, fragt der Beamte.

»Als Walter plötzlich hinter einem Baum hervortrat, mir mit einer Taschenlampe ins Gesicht leuchtete und mich zu sich winkte. Er deutete an, nicht mit ihm zu reden.«

»Wann hast du gemerkt, dass es kein Spiel mehr war?«, fragt die Beamtin das Mädchen.

»Im Wald. Als er wollte, dass Marianne mich tötet. Als sie nicht wollte und dann mit ihm gekämpft hat. Er hat dabei das Messer verloren. Ich habe es genommen und ihm ins Bein gesteckt und dann in den Rücken, damit er Marianne nicht mehr wehtun konnte.«

»Das ist aber merkwürdig«, sagt die Beamtin. »Ich dachte, du warst gefesselt und deine Augen waren verbunden?«

»Ja schon …«, sagt das Mädchen, »aber dann … Im Wald hat Marianne mir die Augenbinde abgenommen und die Fesseln gelöst.«

»Und dann, was hast du dann gemacht?«, fragt die Beamtin.

»Dann haben wir ihn in das Grab gezogen und Erde darauf getan und es so gemacht, dass man nicht mehr sehen konnte, dass da ein Grab ist.«

»Und da gab es keine Möglichkeit mehr, wegzukommen?«, fragt der Beamte die junge Frau.

»Er hatte ein Messer in der Hand. Ich hätte keine Zeit gehabt, dem Mädchen die Fesseln zu lösen, und ich wollte es nicht alleine lassen.«

»Wenn Sie es alleine gelassen hätten und weggerannt wären, hätte er es, in dem Wissen, dass das Verbrechen rauskommt, womöglich nicht getötet.«

»Er hätte mich einholen und töten können und dann das Mädchen. Es wäre ihm nicht mehr darauf angekommen, uns auch noch zu töten.«

»Uns auch noch zu töten?«, fragt der Beamte. »Das heisst, er hatte schon jemanden getötet?«

»Da war eine Grube, dort, wo Walter stand. Ich glaubte zu sehen, dass da schon jemand drin lag, auch wenn Erde darauf war. Da wurde mir klar, was Walter damit gemeint hatte, als er sagte, der Jamie müsse verschwinden. Ich hatte ihn gefragt, wo denn der Jamie jetzt sei. Und als ich später Walter in die Grube zog, war ich mir ganz sicher, dass da schon jemand lag.«

»Und was war zuvor geschehen?«, möchte der Beamte wissen.

»Ich war auf Walter zugegangen. Er zeigte mit der Taschenlampe auf die Grube und dann auf das Mädchen, deutete an, dass ich es in die Decke wickeln und in die Grube werfen solle …«

»Und?«

»Ich habe den Kopf geschüttelt. Da drohte er mir, fing an zu sprechen, leise. Sagte: Sie kennt den Jamie! Wenn das hier auffliegt, steckst du mit drin. Und dann sagte er noch, dass das mit der Kasse bekannt werden würde und einige andere Sachen von mir dazu. Da wurde mir klar: Er – oder ich und das Kind. Ich habe ihn in den Unterleib getreten und dann das Messer aus der Hand gerungen, es ihm erst ins Bein gesteckt und dann, als er hinfiel, in den Rücken; immer wieder. Ich habe seinen Leichnam in die Grube gezogen, dann dem Mädchen die Augenbinde und die Fesseln abgenommen. Den Leichnam habe ich mit der Decke zugedeckt und wollte zuerst das Mädchen aus dem Wald führen, es freilassen, bevor ich die Grube zumache. Jenny hat sich jedoch geweigert, hat gesagt, sie wolle mir erst beim Aufräumen helfen. Wir haben dann die Grube mit Erde zugeschüttet und die Spuren verwischt.«

»Und Sie hatten das Werkzeug dazu?«, fragt der Beamte.

»Da war kein Werkzeug. Aber er hatte alles vorbereitet. Die Erde war auf einer Blache aufgeschüttet. Sie war aber zu schwer für uns. Wir haben zuerst mit den Händen Erde in die Grube geschaufelt. Als die Blache dann leichter wurde, konnten wir den Rest mit der Blache in die Grube schütten. Da war auch Erde unter der Blache, also haben wir die Blache obenauf gelegt und dann den Rest der Erde darauf. Es lagen auch Äste und Zweige parat, welche wir auf die Grube legen konnten. Sogar Gestrüpp war da, um letzte Spuren zu verwischen. Er hatte an alles gedacht.«

»Nur nicht daran«, sagt der Beamte, »dass er selbst es sein würde, der mit seinem Kumpel im Grab liegen würde. Wer andern eine Grube gräbt …«

Paranoia

Er läuft auf die Kreuzung zu, möchte die Strasse überqueren; er will zur Bushaltestelle beim Bahnhof. Die Ampel springt auf Gelb, dann auf Rot; und im selben Augenblick, als er seinen Fuss auf die Strasse setzen will, wieder auf Grün für die Autos. Er drückt auf den Ampelknopf. Wartet. Ein Lastwagen donnert dicht an ihm vorbei. Der Luftzug, den er hinter sich herzieht, bläst Feinstaub und Abgase in sein Gesicht. Er tritt einen Schritt zurück. Der Bus fährt an ihm vorbei zur Bushaltestelle.

Er pressiert über die Strasse, läuft dem Bus hinterher, stellt sich hinter die einsteigenden Fahrgäste. Im selben Moment, als er seinen Fuss auf das Trittbrett setzen will, schlägt die Türe zu.

Er betritt den Bus, den Schreck immer noch in seinem Gesicht, setzt sich nahe der Türe auf einen Platz am Fenster. Eine Frau steigt ein. Sie hat den Bus im letzten Moment noch erwischt. Sie schaut sich nach einem freien Sitzplatz um, sieht den neben ihm; schaut in den hinteren Teil des Busses und geht weiter.

»Sankt Martin«, kündigt eine Stimme aus dem Lautsprecher die nächste Haltestelle an. Der Bus hält an, die Türen gehen auf. Fahrgäste steigen ein. Als Letzte eine grosse, kräftige Frau mit einer prominenten Nase. Sie trägt ein bodenlanges Kleid und ein Kopftuch, tief in die Stirn gezogen. Wie die Person auf den Plakaten gegen das Kopftuchtragen, geht es ihm durch den Kopf. Die Frau geht zu einem freien Platz im vorderen Teil des Busses. Sie schaut die Passagierin, die am Fensterplatz sitzt, freundlich an, lächelt; wartet auf deren Zustimmung, sich auf den freien Platz neben ihr setzen zu dürfen. Die Passagierin verzieht ihr Gesicht, dreht den Kopf weg und schaut aus dem Fenster. Die Frau mit dem Kopftuch setzt sich hin. Dabei zeichnen sich ihre breiten Schenkel und ein Fettband um ihre Taille unter ihrem Kleid ab; die Nähte drohen zu platzen. Ein Sprengstoffgürtel, schiesst es ihm durch den Kopf. Er sieht Bilder aus der Zeitung, aus den Nachrichten im Fernsehen; sieht Chaos, Tod, Zerstörung; zerschundene Körper, blutgetränkte Kleiderfetzen. Er will aufstehen, gehen, den Bus an der nächsten Haltestelle verlassen. Er drückt den Halteknopf, zögert; er möchte die anderen Fahrgäste warnen. Er kann es nicht, bleibt sitzen. Er schaut verstohlen in Richtung der Frau mit dem Kopftuch, sucht nach Gemütsregungen in ihrem Gesicht, nach Verachtung, Hass; nach Bosheit hinter der freundlichen Fassade. Er macht sich Gedanken; überlegt, aufzustehen, sich unauffällig in ihre Richtung zu bewegen, sich auf sie zu stürzen, sie niederzuringen – sie daran zu hindern, den Auslöser zu betätigen.

Ein Mädchen weiter vorn sitzend, mit dem Rücken

zu ihm, dreht seinen Kopf. Es schaut in den hinteren Teil des Busses. Dabei streift ihn sein Blick. Es wendet sich wieder ab, zu dem Mädchen neben sich, tuschelt mit ihm. Die beiden kichern.

Die Frau mit dem Kopftuch langt in die Tasche ihres Kleides, nestelt darin. Ihm wird ganz anders; er wird unruhig, schaut weg, schliesst die Augen, erwartet den Knall, die Explosion; sieht Chaos, Tod und Zerstörung, verstümmelte Körper, blutgetränkte Kleiderfetzen.

Die Frau schnäuzt sich die Nase.

Der Bus hält. Er möchte aufstehen, den Bus verlassen; er zögert. Er möchte die anderen Passagiere warnen, bleibt sitzen. Ein Mann steigt ein, mit orientalischen Gesichtszügen und einem grossen schwarzen Schnauz. Der Mann schaut sich nach einem freien Sitzplatz um, sieht die Frau mit dem Kopftuch. Die beiden nicken sich zu. Der Mann schaut auf den freien Sitzplatz neben ihm – dann begibt er sich in den hinteren Teil des Busses.

Ein Komplize, geht es ihm durch den Kopf. Er rutscht nervös auf seinem Sitz hin und her, sieht nach hinten, sieht nach vorne, dann wieder nach hinten. Seine Hände werden feucht, er weiss nicht, wohin damit. Der Mann mit dem grossen schwarzen Schnauz hat sich auf die Bank zuhinterst im Bus gesetzt. Er hält ein Mobiltelefon in der Hand, tippt darauf.

»Stadtgrenze«, kündigt eine Stimme aus dem Lautsprecher die nächste Haltestelle an.

Er schaut wieder nach vorne; sieht, wie die Frau

mit dem Kopftuch aufhorcht, dann in ihre Handtasche greift, ihr Mobiltelefon hervornimmt und auf das Display blickt. Er schliesst die Augen, wartet; wartet auf den Knall, auf die Explosion, auf Tod und Zerstörung; sieht sich in Stücke gerissen, sieht blutdurchtränkte Fetzen von Kleidern, den Bus, ausgebrannt. Es geschieht nichts. Er öffnet seine Augen, sieht, wie die Frau das Mobiltelefon in ihrer Tasche versorgt.

Er sieht die Frau an, schaut ihr in die Augen, versucht ihren Blick zu halten; möchte ihr sagen, dass er den Tod nicht fürchtet, dass er es sein wird, der vom Himmel belohnt werden wird, und nicht sie. Dass es derselbe Gott ist, der sie beide richtet. Dass er aber auf seiner Seite steht, auf der Seite des Guten. Dass sie es sein wird, die im Fegefeuer schmoren, in der Hölle Qualen leiden wird. Die Frau mit dem Kopftuch schaut ihn freundlich an, lächelt leicht irritiert. Sie langt nach hinten an die Stange neben ihrem Sitz und drückt den Halteknopf. Dann steht sie auf. Sie kommt auf ihn zu – ihr Blick streift den seinen – und bleibt bei der Türe stehen. Ihr Gesichtsausdruck ist entspannt. Als wollte sie sagen: Okay, gehen wir zusammen, mal sehen, wer von uns beiden in den Himmel kommt. Der Bus hält. Die Frau nickt dem Mann, der im hinteren Teil des Busses sitzt, zu.

Er kann ihr Parfum riechen, ein teures. Er könnte sie berühren, könnte sich auf sie stürzen, sie aus dem Bus werfen, so vielleicht einige Leben retten, wenn auch nicht das seine. Er kann es nicht.

Draussen steht ein junger Mann, ein Teenager noch, schmächtig; in zerrissenen Jeans, leuchtend roten Turnschuhen und einem T-Shirt mit einer frechen Aufschrift drauf. Er hat einen Kopfhörer auf, hört Musik, wippt im Rhythmus mit dem Kopf dazu – trägt einen schweren Rucksack.

Die Tür geht auf. Der junge Mann stürzt in den Bus, schreit: »Allahu Akbar«, will auf seinen Musikplayer drücken.

Er kommt nicht dazu. Die Frau mit dem Kopftuch und den kräftigen Oberarmen packt ihn, wirft ihn mit voller Wucht aus dem Bus und schleudert ihn gegen eine Hauswand gegenüber, wo sein Schädel zersplittert.

Er wendet sich ab, schaut nicht hin, schliesst seine Augen. Er schämt sich; sieht den leblosen Körper nicht, die klaffende Wunde am Kopf, das blutgetränkte T-Shirt. Sieht nicht, wie die Frau den Bus verlässt und in Richtung Stadt läuft; als ginge sie das alles nichts an.

Bremsen

»Bremsen!«, sagt Lotti.

»Aber gell, wir bleiben jetzt zusammen«, sagt Lisbeth.

»Bremsen!«

»Du hast gesagt, wir bleiben jetzt zusammen, wir heiraten vielleicht sogar.«

»Bremsen!«

»Ich bremse ja.«

Das Trottinett mit den beiden Frauen rast den steilen Hang hinunter in die Hauptstrasse. Es wird von einem talwärts fahrenden Personenwagen erfasst. Die vordere der beiden Frauen wird gegen eine Hauswand geschleudert, wo sie tot liegen bleibt. Die andere liegt, ihre Glieder verdreht, schwer verletzt auf dem Kopfsteinpflaster der Einfahrt zum Schulhaus. Das Letzte, was sie wahrnimmt, bevor sie das Bewusstsein verliert, ist verschwommen das Gesicht einer Frau und entfernt eine Stimme, die fragt: »Wie geht es Ihnen?«

»Wir müssen«, sagt Lisbeth, »wir sind spät dran.«

»Wir sind definitiv spät dran«, sagt Lotti, auf die Armbanduhr schauend. »Wir nehmen Vrenelis Trottinett, dann schaffen wir es vielleicht noch.«

»Das geht nicht«, sagt Lisbeth.

»Weshalb soll das nicht gehen?«, fragt Lotti.

»Wir können Vreneli nicht fragen, sie ist in den Ferien.«

»Wir nehmen das Trottinett trotzdem«, sagt Lotti.

»Das ist Diebstahl«, sagt Lisbeth.

»Das ist entliehen«, sagt Lotti.

»Um etwas zu entleihen, muss man fragen«, sagt Lisbeth.

»Herrgott!«, sagt Lotti.

»Und zudem, es ist ein Trottinett für Kinder«, sagt Lisbeth, »und nicht für Erwachsene. Schon gar nicht für zwei.«

»Wir sind Kinder«, sagt Lotti grinsend. »Kinder Gottes.«

»Das musst gerade du sagen«, sagt Lisbeth. »Den Teufel im Leib.«

»Wir nehmen das Trottinett«, sagt Lotti in einem Tonfall, der keinen Widerspruch mehr zulässt.

Lisbeth schaut auf die Strasse hinunter, entlang der Klostermauer auf die Hauptstrasse, wo sich der Morgenverkehr stadteinwärts bewegt: Personenwagen mit Leuten auf dem Weg zur Arbeit, Lieferwagen auf dem Weg zu Kunden, ein Betonmischer auf dem Weg zur Baustelle. Mit so einem ginge es am schnellsten, denkt Lisbeth. Sie schaut auf die Hauswand, wo Lotti ihr Leben liess. Das Haus hat eine andere Farbe als damals, vor fast einem Jahr, erinnert sie sich. Es wurde wohl frisch gestrichen, denkt sie, um Spuren zu beseitigen, die der Unfall hinterlassen hatte. Die Spuren in ihrem Kopf, in ihrem Gewissen, sind nicht beseitigt. Sie sind unauslöschlich in ihrem Gedächtnis verankert.

Lisbeth löst die Bremsen des Rollstuhls. Sie will den Hang hinunter, will weg vom Unglücksort, will zu Lotti, sich entschuldigen, fragen, ob sie wieder Freunde sein können.

Der Rollstuhl blockiert, er will nicht anfahren. Lisbeth kann den Kopf nicht mehr bewegen. Er ist fixiert. Sie dreht ihre Augen und blickt in den Rückspiegel, sieht eine Hand am Griff des Rollstuhls. »Lassen Sie los, lassen Sie mich gehen«, sagt sie mit fester Stimme.

»Es tut mir leid, das kann ich nicht«, sagt eine Frauenstimme. »Ich kann es nicht verantworten, nochmals einen Fehler zu begehen, der einem Menschen das Leben kostet.«

Lisbeth glaubt, die Stimme von irgendwoher zu kennen. »Das ist kein Leben mehr«, sagt sie, »lassen Sie mich gehen.«

»Ich sehe Leben«, sagt die Frau, »ich sehe eine junge Frau, die ihr Leben noch vor sich hat.«

»Ich sehe einen Krüppel, das Leben eines Krüppels. Lassen Sie mich gehen.«

»Das Leben spielt sich im Kopf ab, und der scheint mir bei Ihnen noch ganz in Ordnung zu sein«, sagt die Frau.

»Das können Sie gar nicht wissen«, sagt Lisbeth, »der ist genauso verkrüppelt wie der Körper, wenn nicht noch mehr. Die Funktionen des Körpers können von Geräten übernommen werden. Das, was im Kopf abgeht, nimmt einem nichts und niemand ab, das kann einem nicht abgenommen werden. Lassen Sie mich gehen …«

»Wie wollen Sie das wissen?«, fragt die Frau.

»Ich weiss es«, sagt Lisbeth. »Die aufgeladene Last, die Schuld, ist zu gross, um damit weiterzuleben.«

»Dann laden Sie sie ab«, sagt die Frau.

»Das geht nicht. Wie sollte es?«

»Schuld lädt man ab, indem man sie ausspricht«, sagt die Frau.

»Die Schuld, die ich mir aufgeladen habe, kann nicht ausgesprochen werden«, sagt Lisbeth nach einer Weile.

»Sprechen Sie sie trotzdem aus«, sagt die Frau, »Sie können danach immer noch gehen.«

»Ich habe ein Menschenleben auf dem Gewissen«, sagt Lisbeth.

»Es kommt nicht zurück, indem Sie Ihres wegwerfen«, sagt die Frau.

»Das Leben von jemandem, den ich lieb hatte«, sagt Lisbeth.

»Sie können es nicht zurückholen, indem Sie Ihres wegwerfen«, sagt die Frau.

»Ich kann mein Leben hingeben, um jenen Tod zu sühnen«, sagt Lisbeth.

»Dafür wurde es Ihnen nicht gegeben«, sagt die Frau, »das steht Ihnen nicht zu.«

»Woher wollen Sie das wissen«, fragt Lisbeth, »sind Sie etwa eine vom Kloster hier?«

»Nein, nein«, sagt die Frau lachend. »Aus Erfahrung. Ich habe selbst etwas wiedergutzumachen, habe selbst Schuld auf mich geladen, ein Leben auf dem Gewissen. Ich werde meines jedoch nicht hergeben deshalb, nicht das Leben wegwerfen, das mir geschenkt wurde, und auf diese Weise ein zweites Mal Schuld auf mich laden. Sie sehen, Sie laden Ihre Last bei jemandem ab, der Sie versteht, bei jemandem, der weiss, wie schwierig es ist, Unaussprechliches auszusprechen; und der gern bereit ist, Ihnen zuzuhören und so mitzuhelfen, die Last von Ihren Schultern, von Ihrer Seele zu nehmen.«

Lisbeth überlegt.

»Sie wissen nicht, wo Sie anfangen sollen«, sagt die Frau. »Erzählen Sie mir etwas über die Person, von der Sie glauben, in ihrer Schuld zu stehen. Was hat sie ausgemacht, weshalb hatten Sie sie so lieb? Was waren ihre Stärken, ihre Schwächen, ihre Mängel und Macken?«

»Man soll nicht schlecht über Tote reden, schon gar nicht, wenn man deren Leben auf dem Gewissen hat«, sagt Lisbeth.

»Ich weiss, es ist nicht leicht, über Verstorbene zu reden, schon gar nicht so, wie man sie in der Realität erlebt hat. Ich weiss aber auch, dass es nicht bös gemeint ist, dass das Unaussprechliche raus muss, damit die Seele Ruhe findet.«

Minuten vergehen. Ein Mann läuft vorbei, fragt: »Kann ich Ihnen helfen?«

»Nein danke«, sagt die Frau, »wir warten auf jemanden.«

»Ich habe sie gern gehabt, trotz allem«, fängt Lisbeth an und verstummt gleich wieder.

»Wie habt ihr euch kennengelernt?«, fragt die Frau.

»Ich habe sie von der Strasse aufgelesen. Es war Winter. Sie war völlig betrunken«, sagt Lisbeth. »Ich habe sie mit nach Hause genommen, damit sie sich ausnüchtern konnte. Ich konnte sie nicht einfach dort liegen lassen, sie wäre sonst erfroren.

Sie hat auf dem Sofa im Wohnzimmer übernachtet. Am Morgen danach habe ich als Erstes die vollgekotzte Toilette gereinigt. Am Nachmittag dann habe ich sie aus dem Bett geholt, sie zum Duschen ins Badezimmer geschleppt. Um sie danach, sauber und nüchtern, wieder auf die Strasse setzen zu können. Sie war nicht in der Lage, sich selber auszuziehen. Ich musste es tun. Ich habe dann versucht, sie zu duschen. Bin dabei selber ganz nass geworden. Ich habe mich ausgezogen und mich zu ihr unter die Dusche gestellt, habe sie eingeseift. Dabei ist sie wach geworden. Sie hat mit mir dasselbe gemacht, hat mich eingeseift, gewaschen. Auch an Orten, wo mich, seit ich ein Kleinkind war, niemand mehr gewaschen hat. Sie ist geblieben.

Ich habe mir ihr Leid angehört. Wir sind den ganzen Nachmittag lang am Küchentisch gesessen. Sie sei von ihrer Freundin nach einer Auseinandersetzung aus der gemeinsamen Wohnung geworfen worden, sagte sie, erzählte von ihren Differenzen. Ich habe Verständnis gezeigt für sie, hab sie getröstet, ihr das wilde Haar aus der Stirn gestrichen – hab ihr einen Gutenachtkuss auf die Wange gedrückt, sie die Nacht in meinem Bett verbringen lassen, gesagt, jetzt werde alles gut. Sie hat es mir tausendfach zurückgegeben. Wir wurden ein Paar.

Sie hat sich ihre Sachen zusenden lassen. Sie hat es gut gehabt bei mir, hat es mir auch bestätigt, immer wieder; hat mir gesagt, wie viel besser ich sei als meine Vorgängerin und was die für eine gewesen sei; was zum Streit, zu ihrem Auseinanderleben geführt habe; dass sie so froh sei, dass ich sie gefunden habe. Ich sei ihre Rettung gewesen.

Ich habe dann später die wahren Gründe ihrer Trennung erfahren. Als ich sie zur Rede gestellt habe, ist sie böse geworden, hat sehr ungehalten reagiert. Sie hat sich dann anderntags tränenreich bei mir entschuldigt, unter der Dusche haben wir uns wieder versöhnt, blieben ein Paar; obwohl wir so verschieden waren.

Wir lebten wie Frau und Mann. Ich machte den Haushalt, kochte, putzte, wusch und glättete ihre Kleider und ertrug ihre Launen. Sie sagte mir jeweils, wie man es gescheiter hätte machen können. Sie wusste alles besser. Ich akzeptierte, verzieh ihr alles, wenn ich sie nur in meinen Armen halten konnte, sie mir gehörte.

Ich war zufrieden. Das Einzige, was uns noch fehlte zum Glück, war ein Kind. Ich hätte gern eines gehabt mit ihr, hätte sie gern geheiratet. Sie wollte nicht. Trotzdem, für mich hätte es ewig so weitergehen können. Ich wollte sie, ich brauchte sie. Sie mich nur, wenn es ihr schlecht ging. Sobald es ihr gut ging, hielt sie es nicht mehr aus in meinen Armen, brauchte sie Action, war ihr Gemütlichkeit ein Gräuel – ich enge sie ein, sagte sie jeweils.

Ich habe sie ziehen lassen, hab sie zu gern gehabt, um ihr Schlechtes zu wollen. Manchmal sah ich sie wochenlang nicht mehr. Sie hat gefeiert und in fremden Betten übernachtet, ist in anderen Armen gelegen. Sie ist dann zurückgekehrt, wenn die anderen es mit ihr nicht mehr aushielten, hat sich bei mir ausgeweint, geschworen, nie mehr wegzugehen. Sie habe es jetzt eingesehen, dass es nichts für sie sei, hat sie jeweils gesagt, sie wisse jetzt, wo sie hingehöre. Wenn ich sie später beim Wort nahm, als sie sich in meiner Gegenwart erneut zu langweilen anfing, ist sie mir ausgewichen. Ich habe es akzeptiert, hatte sie zu lieb; hab gehofft, es lege sich mit der Zeit, hab gedacht, sie würde vernünftig werden mit dem Alter. Ich habe versucht, die Zeit mit ihr zu geniessen; es mir nicht kaputtzumachen durch den Gedanken daran, dass sie wieder gehen könnte. Hab mir vielmehr Gedanken gemacht, was ich tun könnte, damit sie sich wohlfühlte, es ihr gut ging bei mir. Ich habe sie verwöhnt, mit ihren Lieblingsgerichten bekocht, hab ihr jeden Wunsch von den Augen abgelesen, sie immer gefragt, ob es ihr recht sei, bevor ich etwas entschied; wollte ihr das Gefühl geben, dass sie die Wichtigere ist von uns beiden. Sie hat verstanden, hat das Kommando übernommen, die Wohnung auf den Kopf gestellt, unseren Alltag bestimmt. Mir war es recht, ich war zufrieden; wenn sie nur blieb, ich sie behalten konnte.

Hab geglaubt, jetzt wird alles gut. Ich habe mich ab und zu getraut, von Heirat zu sprechen, vom Kinderhaben, davon, eine Familie zu gründen. Sie hat geschwiegen. Ist gegangen; ist eines Tages nicht mehr heimgekehrt.

Ich habe auf sie gewartet, Tage, Wochen, Monate, habe geweint, bis keine Tränen mehr kamen. Dann habe ich die Wohnung umgestellt, hab mich wieder fürs Alleinsein eingerichtet.

Es war eines Samstagnachts, Sonntagmorgen eigentlich, um zwei Uhr in der Früh, als mich das Klingeln an der Tür aus dem Schlaf schreckte. Ich drückte die Sprechtaste der Gegensprechanlage. Ein Taxifahrer antwortete. Er habe eine Ladung für mich, fünfundsechzig Franken Nachnahme, hat er gesagt, und ich solle pressieren, sonst würden es noch mehr. Sie hatte meine Adresse angegeben, nachdem man ihr an der Bar nichts mehr hatte zu trinken geben wollen und ihr ein Taxi bestellte.

Das sei es jetzt aber endgültig gewesen; sie habe das noch gebraucht; jetzt sei es aber an der Zeit, sesshaft zu werden, hat sie anderntags gesagt, nachdem sie in die Küche gekommen war, den Kühlschrank öffnete und fragte, ob es keine frische Milch mehr gebe. Es verging keine Woche und es war, als wäre sie nie weggewesen. Wir wurden wieder ein Paar. Ich habe mich trotzdem nicht mehr getraut, von Bindung zu reden. Sie war es dann, die, als sie in der Zeitung einen Artikel über verheiratete lesbische Paare las, sagte, warum nicht. Vielleicht, möglicherweise, hat sie dann ergänzt, als ich sie freudig angesehen habe.

Sie hat die Worte schnell wieder vergessen«, sagt Lisbeth nach einer Pause. »Ich habe nicht die Bremse getreten«, schluchzt sie, »ich habe nicht die Bremse getreten, erst als es zu spät war … Lassen Sie mich bitte gehen.«

»Ich habe auch nicht die Bremse getreten«, sagt die Frau, »erst als es zu spät war. Ich war auch zu schnell unterwegs, hatte es pressant, war spät dran. Ich kann Sie nicht gehen lassen, ich möchte wiedergutmachen, was ich noch kann.« Die Frau tritt hinter dem Rollstuhl hervor und schaut Lisbeth an.

Das Gesicht der Frau, auch wenn sie es durch ihre verweinten Augen nur verschwommen sieht, kommt Lisbeth bekannt vor.

Paula

»Traurig nehmen wir Abschied von Johan (John) Bossard«, steht in der Todesanzeige. »Wir vermissen dich.

Deine Tochter Paula
Alice Bossard
Werner Bossard
Karin Müller-Bossard und Familie«

Gleich daneben ist eine kleinere Anzeige für denselben Toten: »So still, wie du gekommen bist, bist du gegangen. Ich hätte gern mehr von dir gehabt. In stiller Trauer. Paula Werder«

»Hallo, Paulina, hier ist Franziska. Ich weiss nicht, wie ich beginnen soll … Ich habe in der Zeitung eine Todesanzeige gelesen; unterschrieben von einer Paula Werder – der Name deiner leiblichen Mutter, wie ich zu wissen glaube. In einer weiteren Anzeige wurde unter den Hinterbliebenen auch der Name der Tochter des Verstorbenen genannt, eine Paula, und da dachte ich –«

»Das hat nichts mit mir zu tun«, sagt Paulina brüsk.

»Ich sehe dich am Samstag vor dem Kino.« Sie hängt auf.

Die Frau steht abseits der Trauergemeinde, nahe dem Ausgang. Paulina erkennt sie sofort wieder, auch wenn sie um Jahre gealtert scheint. Sie trägt dasselbe Kleid, das sie getragen hatte, als sie sie zuletzt, vor zwei Jahren, gesehen hatte. Damals, als Paulina ihr sagte, dass sie mit nur einer Mutter nichts anfangen könne. Dass sie es sich überlegen solle, ob sie ihr den Namen ihres Vaters nicht doch sagen wolle, dann könne man zumindest darüber reden, ob man wenigstens Freunde sein wolle. Sie hatte nichts mehr gehört von ihr seither, geschweige denn sie gesehen.

Sie hat nicht erwartet, bei der Beerdigung auf ihre Tochter zu treffen. Weshalb sollte sie auch kommen? »Du hier, Paula?«, sagt Paula überrascht, als sie am Friedhofsausgang von der jungen Frau angesprochen wird. Sie hatte diese beim Friedhofsgebäude stehen sehen, wie sie das Geschehen beobachtete, hatte sie jedoch aus der Distanz nicht als ihre Tochter erkannt.

»Paulina bitte«, betont die junge Frau, »ich habe meinen Namen geändert.«

»Was führt dich hierher?«, fragt Paula bemüht distanziert. »Wegen mir bist du wohl nicht gekommen. Du wolltest mich nicht mehr sehen.«

»Ich habe dir damals gesagt, dass wir noch einmal darüber reden können, wenn ich den Namen meines

Vaters doch noch erfahren sollte«, sagt Paulina. »Jetzt habe ich ihn erfahren. Halt nicht von dir, aber aus der Zeitung, durch die Todesanzeige. Jetzt, wo er tot ist, kannst du mir ja sagen, weshalb du mir seine Existenz verschwiegen hast.«

»Der Friedhof ist nicht gerade der geeignete Ort, um dich über deinen Vater aufzuklären. Können wir woanders hingehen?«

»Nein, jetzt und hier. Mein Vater soll es ruhig auch hören«, sagt Paulina und geht auf das frische Grab zu. Paula folgt ihr in einigem Abstand, versucht die Ereignisse zu verarbeiten; schämt sich der Blicke der Trauergemeinde, welche sich an ihnen vorbei Richtung Friedhofsausgang bewegt.

Paula schaut auf das frische Grab und versucht sich das Gesicht des Verstorbenen ins Gedächtnis zurückzurufen, überlegt, was sie Paulina erzählen kann, ohne lügen zu müssen. Paulina steht ungeduldig daneben. »Er ist weggegangen«, sagt Paula nach einer Weile, »er ist einer Frau nach Amerika gefolgt. Hat dort ein Kind gezeugt. Ich hatte Angst, dass ich dich verliere, dass sie dich mir wegnehmen und zu ihm schicken würden, da er besser für dich hätte sorgen können als ich, eine minderjährige Mutter ohne Ausbildung, die auf der Gasse lebte.«

»Dieses Schwein«, sagt Paulina. »Der hat dich einfach schwanger sitzen lassen, wegen einer anderen.«

Ich habe ihn sitzen lassen, denkt Paula. Ich hätte es ihm sagen sollen, dass ich schwanger bin. Dann wäre alles gut geworden. Tränen laufen ihr über die Wangen. »Man spricht nicht so über einen Toten«, sagt Paula.

»Sorry«, sagt Paulina, »aber ist doch wahr.« Sie fällt Paula um den Hals, fängt an zu schluchzen. Paula ist nicht in der Lage, die Umarmung zu erwidern.

»Kann ich bei dir einziehen?«, fragt Paulina nach einer Weile, als sie sich wieder gefasst hat. »Ich wohne in einer Studenten-WG und möchte weg von dort.«

»Du müsstest im Wohnzimmer auf dem Sofa schlafen«, sagt Paula überrumpelt von Paulinas Worten. »Die Wohnung ist sehr klein.«

»Gut«, sagt Paulina, »das ist mein Zimmer in der WG auch, und dort habe ich niemanden.« Sie umarmt ihre Mutter erneut.

Paulina sitzt am Küchentisch, schaut Paula zu, wie sie das Abendessen zubereitet. »Warum hast du es mir damals nicht gesagt?«, fragt sie. »Ich war achtzehn, ich hätte es doch verstanden.« Paula antwortet nicht, sie hantiert laut mit dem Salatbesteck. »Hast du dich geschämt?«, fragt Paulina.

Ich habe mich geschämt – vor ihm, denkt Paula. Sie nickt.

»War er wenigstens nett, als du ihn kennengelernt hast?«, fragt Paulina.

Paula lässt sich Zeit mit Antworten, versucht sich zu erinnern, holt Verdrängtes hoch. Sie sieht den schüchternen, ängstlichen jungen Mann in der Abwaschküche des Warenhausrestaurants, wo sie damals während der

Schulferien gejobbt hatte. Wie er die Sauereien, welche die Gäste auf ihren Tellern zurückgelassen hatten, in den Kübel für die Schweine schiebt, die Teller dann in einen Plastikkorb platziert und mit der Brause abspritzt. »Er war weder nett noch nicht nett«, sagt sie. »Er war einfach da, hat mir gefallen mit seinen langen, wild gelockten Haaren. Er hat ein wenig ausgesehen wie ein Rockstar. Ich fühlte mich angezogen von ihm. Und ich brauchte jemanden. Ich habe diese kleinbürgerliche Spießigkeit zu Hause nicht mehr ertragen. Da kam mir dieser Langhaarige, dieser Andersartige, gerade recht.«

»Und das hat er schamlos ausgenutzt, um dich ins Bett zu kriegen«, sagt Paulina. »Wie lange wart ihr zusammen?«

»Wir waren nicht wirklich zusammen«, sagt Paula. »Wir haben uns nur alle vierzehn Tage gesehen, wenn er zu mir kam.«

»So ein Schwein«, sagt Paulina, »ist nur gekommen, um seinen Trieb zu befriedigen. Hat sich nicht einmal die Mühe gemacht, sich dabei zu schützen, und ist dann, nachdem er dich geschwängert hat, einfach ins Ausland abgehauen, hat dort mit einer anderen weitergemacht. Und du musstest hinterher dafür bezahlen. Wurdest als leichtes Mädchen angesehen, und ich wurde dir weggenommen.«

Paula hat Tränen in den Augen, als sie das Essen auf den Tisch stellt. Paulina wischt sie ihr aus dem Gesicht und umarmt sie. »Jetzt ist er gestorben und wir sind wieder vereint. Zumindest hat er mit seinem Tod etwas Positives bewirkt«, sagt Paulina. Paula sieht sie an, lächelt, schüttelt den Kopf. Die beiden nehmen schweigend ihre Mahlzeit ein.

»Das stimmt ja alles gar nicht. So eine Lüge! Das ist alles erfunden. So ein Mist!«, hört Paula die empörte Stimme ihrer Tochter aus dem Wohnzimmer, während sie den Abwasch macht. Paula tritt, das Abtrocknungstuch in der Hand, ins Wohnzimmer. Paulina sitzt auf dem Sofa, die Zeitung in der Hand. »Jetzt hör dir das einmal an«, sagt sie. » … war ein introvertierter junger Mann, hilfsbereit, immer da, wenn man ihn brauchte. Hat die Sonne Kaliforniens gesucht, um Licht in sein Gemüt, Wärme in sein Herz zu bringen. Hat sich nach dem Verlust seiner Frau liebevoll um sein Kind gekümmert. Hat hart gearbeitet, um seiner Tochter Paula ein schönes Zuhause zu bieten, ihr eine gute Bildung zu ermöglichen …« Paulina bricht in Tränen aus, wird wütend. »Nichts hat er«, sagt sie, »aber auch gar nichts, das ist alles nicht wahr! Ich werde das richtigstellen, einen Leserbrief schreiben. Man soll sehen, was für einer er wirklich war!«

»Tu das nicht«, sagt Paula. »Das ist das Bild, das sie von ihm haben, wie seine Familie ihn in Erinnerung behalten möchte. Sie werden sich das nicht kaputtmachen lassen.«

»Ja, aber das ist eine grosse Lüge«, sagt Paulina. »Es muss für dich der reine Hohn sein, was hier geschrieben steht, bei dem, was du durchgemacht hast wegen ihm. Ich kann das nicht einfach so stehen lassen.«

»Ich möchte es so stehen lassen«, sagt Paula. »Die werden sich das nicht gefallen lassen, die werden mich sonst an die Öffentlichkeit zerren, in meinem Leben herumschnüffeln. Und dann kommt alles raus.«

»Soll man doch sehen, was er angerichtet hat. Die machen einen Heiligen aus so einem Säuniggel«, sagt Paulina. »Die haben ungefragt meinen Namen in der Todesanzeige und im Nachruf erwähnt. Er wird als liebevoller und fürsorglicher Vater dargestellt. Ich habe seine Liebe und Fürsorge nie zu spüren bekommen, im Gegenteil. Er hat mich genauso fallen lassen wie dich. Die Leute sollen wissen, was für einer er wirklich war. Ich will so einen nicht als Vater.«

»Er ist nicht dein Vater«, sagt Paula, und nach einer Pause: »Er war kein schlechter Mensch.« Eine angespannte Stille herrscht nach Paulas Worten im Wohnzimmer. Dann steht Paulina auf, will das Wohnzimmer verlassen. Paula fängt an zu reden: »Er war kein schlechter Mensch. Er ist wegen mir nach Amerika gegangen, er ist mir nachgereist. Weil er verhindern wollte, dass aus mir wurde, was ich schon war, eine Drogenabhängige, die sich prostituiert, um überleben zu können. Er war vielleicht naiv, aber bestimmt war er kein schlechter Mensch.

Er hat mir gefallen mit seinen langen Haaren, seinen wilden Locken. Selbst seine zurückhaltende Art hat mir gefallen. Er war dadurch so ganz anders als meine Leute. Er war schüchtern und ängstlich, hat sich jedes Mal kleingemacht, wenn ich ihn in der Abwaschküche besuchte. Ich wollte ihn, brauchte ihn, um meinem Milieu zu entkommen. Im Nachhinein gesehen: Wären wir auch zusammengekommen, wäre ich wahrscheinlich wieder im selben Milieu gelandet, aus welchem ich rauswollte. Die Locken wären ihm ausgefallen, er hätte einen Bauch bekommen vom ständigen Vor-dem-Fernseher-Sitzen. Er hätte Mutti zu mir gesagt und ich zu ihm Vati. Wir hätten vielleicht sogar ein Kind gehabt – dich. Ich habe ihn jedoch nicht ins Bett bekommen. Ich bin nicht Janis Joplin … Ich frag mich, wie die es geschafft hat.«

»Janis Joplin?«, fragt Paulina, noch immer im Türrahmen stehend. »Was hat Janis Joplin damit zu tun?«

Paula geht zur Kommode. Sie nimmt einen Brief aus einer Schublade und gibt ihn Paulina. Der Brief ist in Amerika abgestempelt worden, in Kalifornien, der Absender lautet auf die dortigen Behörden. Darin steht, dass in Johan (John) Bossards Wohnwagen ein Foto gefunden worden sei mit Paulas Vor- und Nachnamen auf der Rückseite. Dieser John habe ausserdem einen Fötus in einem Einmachglas in Formaldehyd aufbewahrt. Ein Puppenhaus, das als Aufbewahrungsort für den konservierten Fötus diente, sei mit 'Paula's Home' überschrieben. Man kontaktiere deshalb sie, Paula Werder, um abzuklären, ob sie die Mutter des Fötus sei, der offensichtlich abgetrieben worden war. Man wäre ihr dankbar, wenn sie den Behörden die Mutterschaft bestätigen und ihnen zum Beweis eine Blutprobe für einen DNA-Test zukommen lassen könne. Es würde ihnen möglicherweise einen grossen Aufwand ersparen, da sie sonst den Leichnam von Janis Joplin exhumieren müssten. Während eines kurzen Aufenthaltes in einer psychiatrischen Klinik habe John angegeben, er habe ein Kind mit Janis Joplin. Überdies hänge an der Wand, hinter dem Puppenhaus, ein Bild von Janis Joplin, ausgeschnitten aus einem Kioskaushang.

Paulina liest den Brief und gibt ihn Paula zurück. Sie will gehen.

»Ich bin nicht die Mutter dieses Fötus«, sagt Paula. »Ich war auch nie in Amerika. Ich habe nur so getan als ob. Ich bin an allem schuld. Ich bin schuld an seinem Schicksal, an deinem, an meinem eigenen. Ich bin von zu Hause abgehauen, weil ich es dort nicht mehr ausgehalten habe. Vielleicht war es auch ein wenig seinetwegen, weil er kein Interesse an mir gezeigt hatte. Ich bin nach Zürich gegangen und dort in der Szene gelandet, hab die ersten Nächte auf dem Platzspitz verbracht. Hab dort Freunde gefunden, Erleichterung von meinen Sorgen – in Drogen. Hab dafür meinen Körper verkauft. *Das* ist deine Mutter. Das ist es, was die Leute erfahren würden.«

»Und?«, fragt Paulina nach einem Moment des Schweigens.

»Dort bin ich ihm wieder begegnet«, redet Paula weiter. »Er saß auf einer Bank und wartete auf den nächsten Zug nach Hause. Ich wurde gerade von zwei Drogendealern angegangen. Sie boten mir Stoff an. Ich hatte kein Geld. Ich könne ja mit meinem Körper bezahlen, meinten sie. Hätte ich wahrscheinlich auch getan, ich brauchte das Zeug. Da ist er plötzlich dazwischengegangen, wollte mich beschützen, mich von einer Dummheit abhalten; einer Dummheit, die ich schon lange begangen hatte. Die beiden Drogendealer verprügelten ihn. Ich half ihm auf, brachte ihn zum Bahnhof. Er nahm seinen Geldbeutel hervor, gab mir alles Geld, das er bei sich hatte, damit ich meinen Körper nicht verkaufen musste. Danach kam er alle vierzehn Tage, nachdem er seinen Zahltag hatte, nach Zürich, gab mir von dem Wenigen, das er verdiente. Wir sind die Bahnhofstrasse hinauf- und hinuntergegangen und dann habe ich ihn wieder zum Zug gebracht. Das ist dein vermeintlicher Vater. Das ist es, was die Leute von ihm wissen sollen – von ihm wissen: hilfsbereit, immer da, wenn man ihn brauchte.«

»Und wie«, fragt Paulina nach einem weiteren Moment des Schweigens, »wie ist das mit mir passiert?«

»Ich bin von einem Freier schwanger geworden«, sagt Paula. »Ich habe mich geschämt, weiter Geld von ihm anzunehmen. Für einen Moment hatte ich erwogen, mit ihm ins Bett zu gehen, ihn auf diese Weise zu deinem Vater zu machen. Ich konnte es nicht. Ich konnte einen wie ihn nicht betrügen. So wenig wie ich dich wegmachen lassen konnte. Es hatte auch sein Gutes. Es hat mir gezeigt, dass ich nicht wirklich in die Szene gehörte. Ich habe meine Bekannten vom Platzspitz gebeten, ihm zu sagen, sollte er auftauchen und nach mir fragen, dass ich mit Freunden zu einem Open-Air-Festival nach Amerika gegangen sei. Ich hätte nicht gedacht, dass er mir dorthin nachreisen würde. Hab nicht einmal angenommen, dass er sich zum Platzspitz zurücktraut, um nach mir zu fragen, ängstlich, wie er war.«

»Er muss schwer in dich verliebt gewesen sein«, sagt Paulina, die sich inzwischen an den Tisch im Wohnzimmer gesetzt hat.

»Zumindest, bis er auf diese Janis Joplin getroffen ist«, sagt Paula. »Wenn das überhaupt stimmt, dann war es sicher nicht er, der mit ihr ins Bett wollte. Ich kann mir nicht vorstellen, dass er sie auch nur angesprochen hätte.«

»Und du hast nie wieder etwas von ihm gehört?«, fragt Paulina.

»Nein«, sagt Paula, »nicht, bis ich diesen Brief aus Amerika erhalten habe. Ich war ziemlich erschrocken, zu erfahren, dass er mir nachgereist war. Ich wusste nicht, dass er nach mir gefragt hatte. Ich verkehrte nicht mehr in der Szene, seit ich mit dir schwanger war, wollte auch nicht mehr mit fremden Männern schlafen, mit dir in mir. Und der Drogenkonsum hätte dir sicher nicht gutgetan. Ich hätte nie gedacht, dass ein Kind im Bauch den Entzug so leicht machen würde.

Ich fand Unterschlupf bei einer alleinstehenden älteren Frau, die Drogenausstiegswillige bei sich aufnahm.

Der Pfarrer von der Notschlafstelle hatte mich vermittelt. Nach ein paar Tagen fand ich eine schlecht bezahlte Stelle in einer Imbissbude, hab Hamburger gebraten und Hotdogs gemacht. Ich wurde dann aber entlassen, als du zur Welt kamst. Solange ich dich stillte, habe ich nicht mehr gearbeitet. Auf eine Weise war es die beste Zeit, die wir zusammen hatten. Wir waren viel draussen, um der alten Frau nicht zur Last zu fallen. Ich kenne jede Gasse, jeden noch so kleinen Park in und um die Stadt herum. Du warst eine Sensation in dem uralten, blechernen Kinderwagen aus dem Brockenhaus. Wir hatten wenig, und doch war immer alles da, Windeln, Strampelhosen, Babybrei, ich musste nie um etwas betteln. Viele unsichtbare Hände. Ich konnte nie jemandem Danke sagen dafür, ausser der alten Frau. Sie war ein Engel, ist viel zu früh gegangen«, sagt Paula nachdenklich. »Ich fand dann erneut Arbeit, nachts in einem Lokal, so konnte ich tagsüber nach dir schauen. Nachts betreute dich die alte Frau. Dann ist sie gestorben. Ich musste ausziehen und fand Unterkunft in einem Mansardenzimmer über dem Lokal, wo ich arbeitete. Es war eine gute Zeit, trotz allem. Von meinen Arbeitskolleginnen, die ebenfalls im Haus wohnten, war immer eine bereit, nach dir zu schauen, wenn sie frei hatten. Sie haben es gern getan. Du warst ein liebes Kind, ein ruhiges, hast keine Mühe gemacht. Nur – für Kost und Logis wurde mir übermässig viel von meinem Gehalt abgezogen und ich musste jetzt auch alles selbst bezahlen. Die alte Frau, die unsichtbaren Hände waren nicht mehr da. Das Geld hat nicht hingereicht. Ich musste ab und zu einen Gast mit auf die Mansarde nehmen, um über die Runden zu kommen. Dann sind sie eines Tages gekommen und haben dich mir weggenommen. Ich weiss bis heute nicht, wer mich angezeigt hat. Es war schlimm für mich, dich zu verlieren. Für dich jedoch war es besser, aus diesem Milieu herauszukommen. Ich habe dann aber alles getan, um dich wieder zurückzubekommen. Ich habe Arbeit in der Fabrik gefunden, eine kleine bezahlbare Wohnung ausserhalb der Stadt. Ich kann nichts Schlechtes sagen über die Sozialbehörde. Sie waren gut zu mir, wollten für dich nur das Beste. Ich durfte dich schliesslich zurückholen und tagsüber in den Kinderhort geben. Es war eine gute Zeit. Ich mochte die eintönige Arbeit in der Fabrik zwar nicht, war aber fleissig, weil ich mir die Stelle sichern wollte. Auch ging die Zeit so rascher vorbei und ich konnte dich schneller wieder in die Arme schliessen.

Dann ist die Rezession gekommen. Ich wurde entlassen. Das Arbeitslosengeld hat nicht hingereicht. Dazu kam, dass das Haus saniert wurde und die Mieten gestiegen sind. Für mich bedeutete es erneut Not. Um die Wohnung bezahlen zu können, ging ich wieder anschaffen ... Obwohl ich es diskret gemacht habe und nur gerade so viel wie notwendig, um über die Runden zu kommen, ist es erneut rausgekommen. Sie haben dich wieder abgeholt. Unseriöser Lebenswandel, wurde als Grund genannt. Ich liess mich nicht unterkriegen, habe eine Stelle in einem Altenheim gefunden, eine Wohnung im Personalhaus. Du warst jedoch inzwischen alt genug und durftest selbst entscheiden, wo dein Zuhause ist. Es war der richtige Entscheid. Du bist ein feines Mädchen, ich bin stolz auf dich, auch wenn ich keinen grossen Anteil daran habe, was aus dir geworden ist«, sagt Paula mit Tränen in den Augen.

»Du hast mich nicht abgetrieben«, sagt Paulina, »hast mich gehen lassen, wolltest für mich nur das Beste – und du hattest die Geduld zu warten, bis ich zurückkomme!« Ihr laufen Tränen über das Gesicht. »Ich hätte dich damals, nach meinem achtzehnten Geburtstag, angenommen, wenn ich auch einen Vater dazubekommen hätte. Ich bin halt stur. Das habe ich offensichtlich von dir. Hätte ich damals gewusst, was ich jetzt weiss, wäre der Entscheid einfacher gewesen. Egal, jetzt habe ich einen Vater: Ich bin der lebendig gewordene Embryo aus dem Einmachglas. Wie heisst er doch gleich? Ich weiss nicht einmal den Namen meines Vaters!«

Paula lacht. Sie öffnet das Schreiben in ihrer Hand und sagt: »Hier steht es amtlich: Johan«, liest sie laut.

»John also«, sagt Paulina. »Wir werden nach Kalifornien reisen, wenn wir es uns einmal leisten können. Die Stätte besuchen, wo ich hätte aufwachsen können.«

Willi

Die Geschichte von Willi Willimann

Ein heftiger Windstoss lässt die Blätter an Bäumen und Sträuchern erzittern. Ein Schwarm grosser schwarzer Vögel kreist am bewölkten Morgenhimmel, verfinstert ihn. Eine alte Frau hängt mit Geranien bepflanzte Blumenkästen vom Balkongeländer ab und stellt sie auf den Boden. »Sagst der Mutter einen Gruss, Willi«, ruft sie.

Ein Velofahrer hält an. Er zieht den Reissverschluss seiner Windjacke hoch und fährt weiter. Kleine Kinder laufen, rennen, schlendern zum Kindergarten im Daheim Park. »Willi, Willi, Willima, het viel z grossi Hose a«, ruft eines und läuft schnell weg.

»Einen schönen guten Morgen, Willi«, grüsst ein Gärtner freundlich, der im Stadtgarten Hecken pflegt.

»Wohin willst du, Willi? Die Sachen liegen parat, du brauchst sie nur noch zu bezahlen«, sagt die Kassiererin im Quartierladen.

Er nimmt einen der orangen Einkaufskörbe vom Stapel und geht weiter. Er legt Teigwaren, Fleischkäse und Essiggurken in den Korb und sucht dann nach Vanillepudding. Nachdem er ihn gefunden hat, bleibt er vor dem Gestell mit den Früchten stehen – schaut lange die verschiedenen Apfelsorten an.

»Suchen Sie etwas?«, fragt ihn eine junge Frau freundlich.

»Wie geht das?«, fragt er.

»Das ist ganz einfach«, sagt die junge Frau. »Sie nehmen eines der Plastiksäckchen hier, wählen die Apfelsorte aus, welche Sie möchten, geben die Menge Äpfel, die Sie wollen, in das Säckchen und stellen es dann auf die Waage dort. Dann tippen Sie die Nummer ein, die auf dem Schild hier steht. Es wird dann ein Kleber ausgedruckt, und den kleben Sie auf das Säckchen. Das ist schon alles. Soll ich es für Sie machen?«, fragt sie.

»Nein«, sagt er, »ich möchte es selbst machen.« Er steht unschlüssig vor dem Gestell, schaut auf die Früchte, fragt: »Kann ich auch Birnen nehmen?«

»Selbstverständlich«, sagt die junge Frau, »Sie nehmen, was Sie wollen.«

Er geht zur Kasse und legt die Sachen auf das Band. »Das sind aber nicht die Artikel, die deine Mutter bestellt hat, Willi«, sagt die Kassiererin. »Sie sind auch teurer.«

Er nimmt einen Fünfliber aus seiner Hosentasche und streckt ihn der Kassiererin hin.

»Dein Sackgeld?«, fragt sie.

Er nickt.

Die Kassiererin zieht die Artikel über den Scanner, schaut ihn aus den Augenwinkeln an.

»Dies ist aber nicht dein Weg nach Hause, Willi«, sagt die Verkäuferin, welche die Pflanzen und Blumen vor dem Laden wässert. »Es ist nicht gerade das Wetter für einen Spaziergang«, meint sie. »Da hat die Mutter aber keine Freude!«, ruft sie ihm nach, als er den Fussgängerstreifen Richtung Altstadt überquert.

Das geht die Mutter nichts an. Ich darf machen, was ich will, denkt Willi.

Im alten Waschhäuschen in der Unteraltstadt brennt das Licht. Im Innern ist eine Künstlerin dabei, Mosaiksteine zu setzen. Die Frau winkt ihm zu. Er nickt und geht weiter; geht zum See hinunter. Das Wasser ist unruhig, die Wellen gehen hoch, schlagen auf den gepflasterten Uferweg; werfen Schwemmholz, Unrat, einen grossen toten Fisch und glitschige grüne Algen ans Ufer; tränken seine Schuhe und Socken, netzen seine Füsse. Am Himmel kämpfen dunkle und helle Wolken um die Vorherrschaft. Beim Schiffssteg am Gerbiplatz warnt eine blinkende rote Lampe davor, sich auf das Wasser zu begeben. In der Vogelvoliere auf dem Landsgemeindeplatz ruft eine Zwergohreule hinter Maschendraht. Er überquert den Fussgängerstreifen beim Stadthaus. Grosse Regentropfen platzen auf das schmutzige Gelb, fallen schwer auf seinen Kopf. Er steigt die abgetretenen Stufen zum Kapuzinerkloster herauf und geht nach Hause.

Er stellt die Einkaufstasche behutsam auf den Küchentisch und will die Küche gleich wieder verlassen.

»Wo hast du dich so lange herumgetrieben?«, fragt die Mutter und dreht sich um.

»Es hat heute etwas länger gedauert«, sagt er.

»Herumgelungert bist du«, sagt die Mutter. Sie packt die Einkaufstasche aus. »Das sind aber nicht die Sachen, die ich bestellt habe«, sagt sie.

»Ich habe sie heute selbst genommen«, sagt er.

»Ich wollte Äpfel und nicht Birnen«, sagt die Mutter. »Und Pudding kaufen wir schon gar nicht, das ist viel zu teuer, das können wir uns nicht leisten.«

»Ich hab aber gern Birnen, und Vanillepudding hab ich seit meiner Kindheit nicht mehr gehabt«, sagt er. »Ich habe das, was es mehr gekostet hat, von meinem Sackgeld bezahlt. Ich darf das! Ich darf mit meinen Sackgeld machen, was ich will.«

»In diesem Haus sag immer noch ich, was gemacht wird«, sagt die Mutter.

»Der Vater hat gesagt, ich soll mich wehren«, sagt er.

»Der Vater hat gesagt! Der Vater hat gesagt!«, schreit die Mutter. »Komm mir nicht mit dem Vater. Du hast seine Hand nie gespürt«, sagt sie, hebt die ihre und kommt auf ihn zu – kommt ihm ganz nahe.

Er wischt sich die Tränen aus dem Gesicht, steht vom Küchentisch auf und geht in sein Zimmer, wirft sich auf das Bett. Er möchte schlafen – vergessen, was geschehen ist, für immer. Sturmwind rüttelt an den Fensterläden, Regen peitscht gegen die Scheiben; lässt ihn nicht ruhen, wie auch seine Gedanken nicht. Er versucht abzuschalten, an nichts zu denken. Es will ihm nicht gelingen. Er versucht, sich an etwas Schönes zu erinnern. Auch das vergebens. Er lässt sich gehen, denkt stattdessen ans Sterben und dabei an seinen Vater, der so früh verstorben ist, mit nur fünfundfünfzig Jahren, er selbst war noch keine dreissig. Er hat schon als Kind nicht viel von ihm gehabt. Der Vater war immer draussen beim Arbeiten gewesen, weg von zu Hause. Obwohl er schon damals nicht bei guter Gesundheit war. Doch auch wenn er daheim war, war er nicht wirklich da, die Mutter bestimmte die Geschicke. Der Vater musste auf seine Gesundheit achten.

Trotzdem vermisste er ihn, nachdem er gestorben war, auch wenn sie sich nur stumm verstanden hatten, sich nie wirklich nahe waren. Am nächsten noch, als er schon im Sterben lag. Da rief ihn der Vater zu sich ans Bett, schaute mit ihm zusammen alte Fotos an, aus der Zeit, als er noch jung und ungebunden war. Er schwärmte von seinem Leben damals, riet ihm: »Mach nicht dieselben Fehler wie ich, Willi, und falls du dich doch einmal bindest und Kinder in die Welt setzt, kümmere dich um sie. Es tut mir leid, dass ich dir kein guter Vater war, nicht in der Lage war, mich für dich einzusetzen, energischer zu sein zu Hause. Meine Gesundheit hat mir halt keine Aufregung erlaubt.«

Der Vater schenkte ihm ein Sackmesser, das ihm schon als Jugendlicher gehört hatte, und die Taschenuhr, die er zur Konfirmation erhalten hatte. Er meinte, dass er das Messer, da wo er jetzt hingehe, nicht mehr brauche, Zeit keine Rolle mehr spiele. Er legte die Fotos zurück zu den anderen, in die Schuhschachtel, die auf dem Nachttisch stand, vertraute sie ihm an. Sagte: »Das war's, mein Leben; schön, dass du mich ein Stück dabei begleitet hast. Du musst jetzt deines selbst in die Hand nehmen«; flüsterte: »Lass dir nicht dreinreden, Willi, lass dich nicht unterkriegen – du musst lernen, dich zu wehren.«

Er versteckte die Schuhschachtel mit den Fotos im Geräteschuppen und auch die Taschenuhr, nur das Sackmesser behielt er bei sich.

Fast ein Jahr war vergangen, nachdem der Vater gestorben war, als die Mutter nach den Fotos suchte. Sie brauchte eines für die Karte zum ersten Jahresgedächtnis. Sie stellte das ganze Haus auf den Kopf, um die Schuhschachtel mit den Fotos zu finden. Sie konnte sich einfach nicht mehr daran erinnern, wo der Vater sie aufbewahrt hatte. Sie fand sie nicht.

Er reichte ihr ein Foto vom Vater, sagte: »Der Vater hat mir die Fotos zum Aufbewahren gegeben.«

Der Mutter passte das Foto nicht. Sie sagte: »Ich suche mir selbst eines aus.«

Er holte die Schuhschachtel aus dem Geräteschuppen, gab sie jedoch nicht aus den Händen. Die Mutter nahm ihm die Schuhschachtel ab, stiess ihn dabei weg. Sie schloss die Schachtel hinterher ins Büffet ein, wo sie das gute Geschirr aufbewahrte, versteckte den Schlüssel. Er wehrte sich, sagte: »Das ist nicht recht, was du da machst. Der Vater hat mir die Fotos anvertraut.«

»Ich bin die rechtmässige Besitzerin der Fotos, als Frau deines Vaters«, sagte die Mutter. »Sie gehören mir! Erst wenn ich einmal tot bin, gehören sie dir; wirst wohl noch so lange warten können.«

Er fängt erneut zu weinen an.

Er hat gewartet. Ein halbes Leben lang, denkt er. Einzige Veränderung waren die Jahreszeiten: das Werden im Frühling, das Weilen im Sommer, das Vergehen im Herbst, das Ruhen im Winter. Einzige Abwechslung: die Arbeit in der Gärtnerei, das Betrachten der Vorgänge in der Natur.

Die Geschwister der Mutter und auch jene des Vaters sind inzwischen alle verstorben. Als Letzter sein Onkel. Er ist erst vor Kurzem beerdigt worden. Er wäre gern zu seiner Beerdigung gegangen – hätte ihn auf seinem letzten Weg begleitet, wäre ihm noch einmal nahe gewesen. Er hat gute Erinnerungen an ihn. Die Mutter erlaubte es nicht.

Er ist ihm trotzdem noch einmal nahegekommen. Er war auf dem Nachhauseweg, hatte Besorgungen gemacht für die Mutter, als er dem Briefträger begegnete. Dieser übergab ihm ein an ihn adressiertes Paket. Das Paket tammte von den Kindern seines Onkels. Er ging mit dem Paket in den Geräteschuppen und öffnete es dort. Es waren Bücher darin. Die Kinder des Onkels hatten die Sachen ihres Vaters geordnet. Dabei waren sie auf Bücher gestossen, die ihrem und seinem Vater gemeinsam gehört hatten. Sie würden sie ihm zusenden, stand auf einer Karte, da sie keine Verwendung dafür hätten und sie wüssten, dass er gern liest. Im Paket war auch noch ein Bündel mit Briefen, ohne dass es auf der Karte erwähnt worden war. Es waren Briefe, die der Vater an den Bruder geschrieben hatte. Er hatte in ihnen immer wieder seine Sorge um Willi geäussert, um seine Zukunft. Der Brief zuoberst war erst kurz vor dem Tod des Vaters datiert. Er erwähnte darin das Gespräch, das er mit ihm geführt hatte, schrieb, dass er ihm gesagt habe, er solle sich wehren, sich nicht alles gefallen lassen. Er drückte seine Bedenken aus, aber auch die Hoffnung, dass es ihm gelinge.

Ein Blitz erhellt das Zimmer, ein Donnerschlag lässt das Fenster erzittern.

~

Der Geruch von nasser Asche liegt in der Luft. Vom alten Holzhaus der ehemaligen Gärtnerei sind nur noch die russgeschwärzten Grundmauern zu sehen. Arbeiter tragen den vom Feuer ebenfalls schwer beschädigten Geräteschuppen ab, werfen Schutt in eine Mulde. In der Nähe der Brandruine stehen Leute aus der Nachbarschaft. Sie diskutieren das Geschehene.

»Dort haben sie den Willi rausgeholt«, sagt ein älterer Mann und zeigt auf den Schuppen.

»Nicht gerade klug, dort drin Schutz vor dem Feuer zu suchen«, meint eine Frau mit einem Korb am Arm.

»Mir tut die Mutter leid, ich habe sie gekannt«, sagt eine alte Frau mit einem Stock. »Das hat sie nicht verdient. Hat nicht viel vom Leben gehabt; hat schwer arbeiten müssen, seit sie ihren Mann vor dreissig Jahren verloren hat. Hat sich aufgeopfert, sich um das Wohl des Sohnes gekümmert.«

»Traurig«, sagt der ältere Mann, »und jetzt das. Und das alles wegen einer vergessenen Kerze. Hat eine Kerze im Andenken an ihren verstorbenen Mann angezündet und braucht jetzt selbst jemanden, der eine für sie anzündet.«

»Hoffentlich weiss der Bub es zu würdigen, was sie alles für ihn getan hat«, meint die Frau mit dem Stock.

»Wahrscheinlich hat der Blitz eingeschlagen«, mutmasst die Frau mit dem Korb am Arm.

»Reine Vermutung«, sagt ein Arbeiter, der einige angekohlte Holzstücke in die Mulde wirft.

»Möglicherweise kann ja der Willi etwas darüber sagen, wie es gewesen ist«, meint der ältere Herr.

»Kaum«, sagt die alte Frau mit dem Stock.

~

Ein Donnergrollen schreckt ihn aus seinen Gedanken. Er steht auf, nimmt das Sackmesser aus der Nachttischschublade und öffnet die grosse Klinge; geht in die Stube, stösst die Klinge in den Türspalt und bricht die

Türe vom Büfett auf. Er holt die Schuhschachtel mit den Fotos heraus und setzt sich auf die Couch, nimmt die Schachtel auf den Schoss.

Obenauf liegt eine Karte mit dem Bild des Vaters aufgedruckt. Die Karte vom ersten Jahresgedächtnis. Er nimmt sie in die Hand, schaut das Bild an. Sie sehen sich sehr ähnlich, der Vater und er. Es ist ihm bis jetzt nicht wirklich bewusst gewesen. Er wühlt in der Schuhschachtel, sucht nach einem Bild des Vaters in jungen Jahren, findet ein Hochzeitsfoto. Obwohl der Vater grösser ist und fester als die Mutter, ist es die zierliche Gestalt neben ihm mit dem resoluten Gesichtsausdruck und dem forschen Blick, welche das Bild dominiert. Nicht nur das Bild, denkt er; sieht, wie sie sich in der Küche vor ihm aufbaut.

Er hat den Vater und die Mutter nie so nahe beieinanderstehen gesehen wie auf dem Hochzeitsfoto. Doch selbst auf dem Bild scheint ein Spalt zwischen ihnen, als würden sie sich nicht berühren. Beide schauen sehr ernst drein und als wären sie sich fremd. Er hatte sie sich nie lieb haben sehen, nie sich küssen. Er wundert sich, wie er wohl gezeugt worden ist, wo sie sich doch nie nahe waren. Sie war auch ihm nie nahe, die Mutter. Er hat sie nie gespürt, nie eine Frau gespürt, war nie wirklich einer nahegekommen. Am nächsten noch der taubstummen Maria.

Maria war zu ihnen gekommen, nachdem der Vater gestorben war. Sie half im Garten mit; war gekommen, um ihn zu ersetzen. Sie ist dann jedoch schon nach nur kurzer Zeit wieder gegangen. Ihre Eltern würden sie zurückfordern, wurde ihm gesagt. Weshalb, wusste er nicht. Doch sie kam wieder zurück; stand mit einer grossen Tasche vor der Tür, ist bei ihnen eingezogen. Die Mutter war laut gewesen mit ihr, bevor sie sie hereinliess. Er hatte sich gefreut, war froh, sie wiederzusehen. Am Dienstag- und Samstagmorgen hat er mit ihr jeweils Gemüse und Blumen auf dem Landsgemeindeplatz verkauft. Mehr als einmal wurden sie gefragt, ob sie ein Paar seien. Er hätte gerne Ja gesagt, traute sich jedoch nicht. Maria antwortete nicht. Sie konnte nicht sprechen, hatte nicht verstanden – stand da in ihren viel zu grossen schwarzen Gummistiefeln, Verwunderung in ihrem Gesicht.

Er hat sie nie in anderen Schuhen gesehen als in Stiefeln. Nicht einmal Hausschuhe besass sie. Drinnen lief sie immer in Strümpfen herum. Er mochte ihre Füsse, ihre Waden in Strümpfen. Er bewunderte sie jeweils, wenn er am Feierabend zusammen mit ihr in der Stube auf der Couch sass, seinen Kopf zu Boden gerichtet. Am Anfang war sie am äussersten Ende der Couch gesessen, dann aber rückte sie immer näher, war ihm am Schluss ganz nahe. Näher, als ihm die Mutter je gekommen war, denkt er, bis vorhin.

Dann hat sie es kaputt gemacht, bevor etwas geschehen konnte. Sie hat Maria zu ihren Eltern zurückgeschickt, sagte: »Sie ist ein Luder«, als er sich traute zu fragen, wieso sie wieder habe gehen müssen.

Jetzt war Maria nicht mehr da, niemand mehr da

zum Gernhaben ausser den Pflanzen und Blumen in der Gärtnerei, denen er im Stillen sein Leid anvertraute. Ihm blieb nur noch die Arbeit. Er mochte die Arbeit in der Gärtnerei, mochte es, draussen zu sein.

Noch mehr hatte er jedoch die Arbeit in der Gärtnerei gemocht, als Maria ihm noch zur Seite gestanden hatte. Er hatte keinen Hunger mehr, seit sie weg war, ertrug keine Gesellschaft mehr; schlang das, was die Mutter ihn zu essen zwang, herunter, um möglichst schnell wieder nach draussen zu kommen. Er konnte den Ort nicht mehr ertragen ohne sie, konnte die Maria nicht mehr vergessen. Am liebsten wäre er weggelaufen, weit weg, wo er das Haus und die Mutter nicht mehr hätte sehen müssen. Nur – er wusste nicht, wohin, suchte weiter Zuflucht in der Arbeit, in ihrer Gärtnerei, im Alleinsein. Wo hätte er denn auch hinwollen? Was hätte er denn auch anderes machen sollen? Er kannte niemanden, kannte nur die Arbeit in ihrer Gärtnerei. In der seines Onkels hatte er nicht bleiben dürfen.

Der Regen hat aufgehört, das unaufhörliche Prasseln auf den Sims. Dafür kann er jetzt das Regenwasser hören, wie es von der Dachrinne in das Steinbett vor dem Fenster fällt.

Er sucht das Foto heraus, auf dem er im Garten seines Onkels steht, dem Bruder seines Vaters, bei dem er eine Anlehre als Gärtner gemacht hat. Es war das einzige Mal, dass er von zu Hause weg gewesen war. Der Onkel hatte ein grosses neues Haus. Ein schönes, gemauertes.

Er mochte es, mochte sein Zimmer: die geraden Wände, die weissen Tapeten, den Fussboden, der nicht bei jedem Schritt knarrte. Er wäre gern geblieben. Er hatte keine Lust gehabt, wieder in das jahrhundertealte kleine windschiefe Holzhaus zurückzukehren – heim zu seiner Mutter.

Der Onkel mochte ihn. Auf dem Foto steht er neben ihm, hat seinen Arm um seine Schultern gelegt. Er lobte ihn immer, schimpfte nie mit ihm, nannte ihn einen Willigen, einen Guten — hätte ihn gern behalten.

Die Mutter wollte nicht, wollte ihn zurück. »Er wird zu Hause gebraucht«, sagte sie; wies hin auf die schlechte Gesundheit des Vaters. Der Lehrer von der Gewerbeschule sprach mit der Mutter. Es half nichts, sie wollte ihn zurück. Er blieb trotzdem. Er war volljährig, durfte selbst entscheiden. Die Mutter schaltete die Arbeitsbehörde ein, es wurde verlangt, dass er einen üblichen Lohn erhält. Der Onkel konnte nicht bezahlen, schickte ihn zurück zur Mutter. Der Lehrer von der Gewerbeschule setzte sich für ihn ein. Er machte den Vorschlag, dass er sich weiterbildet, weiter zur Schule geht. Es würde sich bei ihm lohnen, meinte er: Er habe den Willen, zu lernen. Aber auch das hat nichts genützt.

Wie schon damals nicht, als der junge Pfarrer, bei dem er den Konfirmandenunterricht besucht hatte, sich für ihn eingesetzt hatte, damit er eine richtige Lehre hätte machen können. Die Mutter wies auf seine schlechten Noten in der Schule hin, ging mit ihm zum Berufsberater. Dieser erklärte ihn als untauglich für eine Lehre und bezweifelte, dass Berufsberatung zu den Aufgaben eines Pfarrers und in den Konfirmandenunterricht gehöre. Lesen als einzige gute Note genüge halt nicht, um eine Berufslehre zu machen, meinte der Berater, er könne ja eine Anlehre machen.

Lesen war das einzige Schulfach, in dem er gute Noten nach Hause brachte. Er liest der Mutter aus der Zeitung vor, seit der Vater gestorben ist. Er hatte es ihr selbst angeboten, es zu tun. Sie hatte es nicht abgelehnt. Der Vater hatte immer nach dem Mittagessen, auf der Couch liegend, der Mutter aus der Zeitung vorgelesen. Nur Lokales jedoch, was ausserhalb passierte, interessierte sie nicht. Er hatte dem Vater gern zugehört beim Lesen. Er hatte eine angenehme Stimme. Sie machte aus ihm etwas Besonderes. Jemand anderen, den er achten konnte; stellte ihn so, für kurze Zeit, über die Mutter.

Der junge Pfarrer erkannte seine Fähigkeiten im Lesen, liess ihn im Religions- und Konfirmandenunterricht oft lesen. Es lachte nie jemand über ihn, wenn er las. Einmal machte ihm sogar ein Mädchen aus der Konfirmandenklasse ein Kompliment, weil er so gut lesen konnte.

Er sucht das Foto von der Konfirmation hervor. Er fällt auf in seinem altmodischen Anzug. Er hatte sich zuhinterst hingestellt; hatte sich geschämt, sich im Anzug zu zeigen, den schon der Vater zur Hochzeit getragen hatte. Die meisten Konfirmanden trugen moderne

Kleider. Eines der Mädchen hatte sogar ein Kleid an, das seine Knie zeigte. Ein anderes trug einen Hosenanzug. Der gab hinterher Anlass für viel Gerede. Der Fotograf holte ihn dann nach vorn. »Du darfst dich ruhig zeigen, Willi«, sagte er, »du bist ein Hübscher.« Alle lachten, ausser der Mutter. Der junge Pfarrer, ihr Religions- und Konfirmandenlehrer, stellte sich dann an den Platz, an dem er gestanden hatte.

Er war ein Netter gewesen. Er hatte sich für ihn eingesetzt; fand in einem Nachbarort einen Lehrmeister, einen Schreinermeister, der gut für ihn gewesen wäre. Einer, der auf die Bedürfnisse der Lernenden einging. Er hätte die Lehrstelle gern angenommen, er mochte das Arbeiten mit Holz. Er war gut gewesen im Werkunterricht. Nur zählten halt die Noten nicht.

Die Mutter lehnte es ab. Der junge Pfarrer kam vorbei, um mit der Mutter zu reden, sie davon zu überzeugen, dass es das Beste für ihn sei, wenn er die Lehrstelle antreten könnte. Die Mutter wollte ihn auf sein Zimmer schicken, nachdem er dem Pfarrer die Türe aufgemacht hatte.

»Weshalb?«, fragte der junge Pfarrer. »Es geht um Willi, um seine Zukunft.«

Die Mutter stellte sich taub, schickte ihn dann in den Geräteschuppen, um das Gartenwerkzeug zu reinigen. »Dem Vater geht es zurzeit nicht gut, da müssen halt alle mit anpacken«, meinte sie, als der junge Pfarrer sie verwundert ansah.

Das Gartenwerkzeug war bereits gereinigt. Er widersprach der Mutter trotzdem nicht, wehrte sich nicht; ging. Der Geräteschuppen war ihm sowieso viel lieber als sein Zimmer. Er hatte dort seine Ruhe, war weit weg von ihr, konnte ungestört lesen; erfuhr, was sonst noch so vor sich ging in der Welt. Die Mutter hat den Geräteschuppen nie betreten. Hin und wieder brachte er ein Vogelhäuschen heim, das er gezimmert hatte, um zu rechtfertigen, weshalb er so viel Zeit im Schuppen verbrachte. Es hingen gleich mehrere davon in der Nachbarschaft.

Die Mutter sagte dem jungen Pfarrer: »Es gibt in der Familie die Möglichkeit für den Buben, etwas seinen Fähigkeiten entsprechend zu lernen.«

Der Pfarrer gab nicht auf. Er fragte, ob er den Vater sprechen könne.

»In diesem Haus sage ich, was gemacht wird«, sagte die Mutter.

»Es gibt da schon noch Wege«, sagte der junge Pfarrer in einem Gespräch zu ihm, nachdem er ihn nach dem Religionsunterricht abgepasst hatte. Dann aber musste der junge Pfarrer gehen. Er habe einen zu freundschaftlichen Umgang mit seinen Schützlingen, wurde gesagt. Er habe ihnen zu wenig von der Religion vermittelt, sich dafür aber in Aufgaben eingemischt, die nicht der Kirche obliegen. Der junge Pfarrer hatte ihnen ins Erwachsenenleben geholfen, sie auf das Berufsleben vorbereitet, sie darüber aufgeklärt, wie das so ist zwischen Mann und Frau. Er hätte gern mehr darüber erfahren.

Er wusste nichts über Sex. Er war ausgeschlossen gewesen vom Getuschel auf dem Schulhof darüber, hatte keines der Schmuddelhefte gesehen, die einige der Buben manchmal in die Schule mitbrachten und die sie dann in den Pausen im Verborgenen anschauten. Er gehörte nicht dazu, war in keiner der Cliquen dabei. Er war auch nicht im Abschlusslager gewesen, wo er so einiges hätte mitbekommen können. Die Mutter hatte es nicht erlaubt.

Er fühlt eine Enge in der Brust, steht auf und öffnet das Fenster, um frische Luft hereinzulassen.

Er sucht das Foto hervor vom einzigen Ferienlager, das er hatte besuchen dürfen. Das Foto zeigt ihn und einige der anderen Kinder aus dem Ferienlager auf dem Gipfel eines Berges, ein mächtiges Holzkreuz auf seiner Spitze. Eine karge Steinlandschaft, darin verstreut die Kinder. Er ist nicht sehr deutlich zu sehen, glaubt jedoch, er mache ein zufriedenes Gesicht. Er war zufrieden gewesen damals, erinnert er sich. Er fühlte sich gut so weit weg von zu Hause, genoss es, Teil einer grossen Familie zu sein, wo so viel los war. Er machte immer und bei allem mit. Auch bei den freiwilligen Ausflügen wie diesem hier.

Er weinte, als die Lagerleiterin sich auf dem Bahnhof von ihm verabschiedete; freute sich auf das nächste Jahr. Die Mutter erlaubte es nicht mehr. Zu Hause schwärmte er von alldem, was er erlebt hatte: von den Ausflügen, von anderen Kindern, die er kennengelernt hatte, vom guten Essen, dem Vanillepudding, den es oft zum Dessert gab. Der Vater freute sich für ihn.

Es war der Vater gewesen, der gesagt hatte, man solle es dem Buben doch erlauben, ins Schullager zu gehen, und der sich schliesslich durchgesetzt hatte. Es war das einzige Mal, dass er den Vater mit der Mutter hatte streiten sehen, dass der Vater sich eingesetzt hatte – sich gewehrt hatte für ihn.

Ihm steigen Tränen in die Augen, sein Brustkorb hebt und senkt sich. Jetzt hat er sich halt einmal selbst gewehrt. Sie hätte ihm nicht so nahekommen dürfen.

Die Mutter war beleidigt gewesen, hatte gesagt: »Du hast es zu Hause auch gut. Du bist undankbar für alles, was ich für dich getan habe.«

Er schaut in Richtung Küche, versucht sich zu erinnern, was die Mutter alles für ihn getan hat – lässt den Kopf hängen.

Sein Blick fällt auf ein Foto, das ihn auf einer Schulreise zeigt. Es muss in der zweiten Klasse gewesen sein. Es zeigt ihn mit der Lehrerin, die er in seinen ersten zwei Schuljahren hatte. Sie hatte ihn lieb gehabt. Sie half ihm jeweils, wenn die Schule aus war, in seine Sachen, obwohl er das selbst hätte machen können. Knöpfte ihm die Jacke zu, band ihm im Winter den Schal um und setzte ihm die Strickmütze auf – legte ihm zum Abschied die Hand auf die Schulter.

Das Bild zeigt ihn, wie er einen Cervelat an einem Stecken über ein Feuer hält. Die Lehrerin kauert neben ihm. Sie hat ihren linken Arm um seine Taille gelegt, führt mit ihrer rechten Hand seinen Arm mit dem Cervelat am Stecken und schaut ihn mit einem Lächeln an. Ob sie wohl die Mutter gekannt hat?, geht es ihm durch den Kopf.

Es schüttelt ihn beim Anblick des Fotos, der zärtlichen Umarmung; seine Lippen beben. Aus seinem tiefsten Innern kommt ein Schluchzen. Die Mutter hatte ihn weggestossen, er sie nun auch. Er kippt den Inhalt der Schuhschachtel auf den Boden und greift nach dem Foto, das zuoberst liegt. Das Bild zeigt einen kleinen Buben an seinem ersten Schultag. Er trägt viel zu grosse knielange Hosen, gehalten an seinem schmalen Körper nur von ein paar Hosenträgern. Er steht auf und geht zu der kleinen Kommode am Fenster, nimmt die Zündholzschachtel neben der Kerze, die die Mutter jeweils an einem Sonntagnachmittag im Andenken an den Vater anzündet, und nimmt ein Streichholz heraus. Er streicht das Köpfchen mehrmals über die Reibfläche, bis es entflammt; zündet dann, mit zittriger Hand, die Kerze an, hält das Foto an die Flamme und legt es zu den anderen.

Die blutroten Stöckelschuhe

Es ist ein Uhr in der Früh. Das Geräusch von Stöckelschuhen hallt klack, klack, klack durch die Nacht. Es weckt Schlafende auf und lässt Nachtaktive und Spätheimkehrer gewahr werden, dass sie nicht alleine unterwegs sind.

Das Mädchen kommt von der Schulabschlussfeier und ist auf dem Weg nach Hause. Wenn ich meinen ersten Lehrlingslohn erhalte, werde ich mir ein paar angenehmere Ausgehschuhe kaufen, denkt es, diese High Heels bringen mich noch um. Es ist das erste Mal, dass es sie trägt. Ich werde nie mehr Schuhe tragen, die mir nicht gehören, schwört es sich.

Svetlana schreckt bei dem Klack, Klack, Klack, das durch das offene Fenster ihres Appartements erschallt, aus ihrem Dämmerschlaf auf. Sie wirft sich den Regenmantel über, der auf der Lehne eines Stuhls bereitliegt, und eilt barfuss in die Nacht hinaus.

Eine alte Frau mit einem kleinen wuscheligen Hund an der Leine horcht bei dem Klack, Klack, Klack, das an ihr Ohr dringt, auf. Sie zieht abrupt an der Leine, lässt ihr Hündchen sein Geschäft nicht fertigmachen, und geht dem Geräusch nach.

Als die alte Frau in die Bergstrasse einbiegt, sieht sie, wie eine Frau gerade ein Mädchen von hinten anfallen will. »Stopp! Halt! Aufhören!«, ruft sie und läuft über die Strasse auf die Frau zu. Das Mädchen dreht sich erschrocken um und rennt dann weg. Die Frau im Regenmantel streckt die alte Frau mit einem Faustschlag nieder und will dem Mädchen nach. Da springt das Hündchen die Frau an und verbeisst sich in ihren Arm. Diese schleudert das Tier mit aller Wucht gegen den Kandelaber einer Strassenlaterne. Es stösst einen gequälten Schrei aus und bleibt tot liegen. Die Frau im Regenmantel rennt dem Mädchen nach. Sie sieht gerade noch, wie es über einen Zaun klettert und in einem Garten verschwindet.

Das Mädchen bleibt ausser Atem hinter einem Baum stehen und zieht umständlich ihr Mobiltelefon aus der engen Jeans. Es schaut dabei verzweifelt um sich, erblickt einen Geräteschuppen und rennt hin. Es versteckt sich darin und ruft die Polizei an.

Der Polizeibeamte am anderen Ende der Leitung verspricht, sofort jemanden loszuschicken. »Lassen Sie unbedingt das Mobiltelefon eingeschaltet«, rät er.

Die Frau im Regenmantel eilt zu der Stelle, wo sie das Mädchen hat über den Zaun springen sehen. Sie hebt ihren Mantel an und übersteigt mit langen Beinen die zugespitzten Latten. Sie sieht gerade noch, wie das Mädchen in einem Geräteschuppen verschwindet. Sie rennt hin und versucht wütend, die verschlossene Tür aufzureissen. »Komm da raus!«, zischt die Frau durch den Türspalt. »Ich weiss, dass du da drin bist.« Das Mädchen reagiert nicht, duckt sich verängstigt hinter eine Regentonne. »Du kommst jetzt sofort da raus, du verdammtes Miststück, und gibst mir die Stöckelschuhe!«, sagt die Frau schon lauter. »Sonst fackle ich diesen verdammten Drecksschuppen samt dir darin ab«, droht sie.

»Ich habe die Stöckelschuhe nicht mehr«, sagt das Mädchen mit ängstlicher Stimme. »Ich habe sie in die Strassenbaugrube unten an der Strasse geworfen.« Es verharrt, zitternd vor Angst, in seinem Versteck.

Die Frau im Regenmantel verrammelt die Tür von aussen und eilt über den Rasen zur Strasse zurück, um nachzusehen, ob es stimmt, was das Mädchen sagt.

Das Mädchen kommt zögerlich hinter der Regentonne hervor und späht durch eine Lücke in der Bretterwand. Es sieht, wie die Frau zur Baugrube läuft. Es versucht verzweifelt, die Tür zu öffnen, um sich in Sicherheit zu bringen. Die Tür jedoch gibt nicht nach.

Die Frau im Regenmantel schaut in die Baugrube. Sie sieht die roten Stöckelschuhe unten liegen, überklettert die Absperrung und steigt hinab. Sie greift nach den Schuhen, schaut sie für einen Moment nachdenklich an und verzieht dann verächtlich ihren Mund.

Ihre nackten Füsse und ihr Regenmantel sind völlig verdreckt. So steigt sie, die Stöckelschuhe in der einen Hand, wieder aus der Grube. Sie eilt zum Geräteschuppen zurück, entriegelt die Tür und stemmt sich dagegen. Die Tür geht unerwartet auf. Es scheint auf den ersten Blick niemand im Schuppen zu sein. Die Frau im Regenmantel geht hinein. Sie ist gerade dabei, einen Blick hinter die Regentonne zu werfen, als sie hinter sich ein Geräusch vernimmt. Sie dreht sich um. In der Tür stehen zwei Polizeibeamte. Draussen, in einiger Entfernung, sieht sie zwei weitere Männer, zwischen ihnen das Mädchen. »Miststück!«, zischt die Frau im Regenmantel und geht mit den spitzen Absätzen der Stöckelschuhe auf die Beamten vor sich los. Diese ringen sie mit Hilfe ihrer Kollegen nieder. Das Mädchen schaut dem ungleichen Kampf ängstlich zu, sieht die Entschlossenheit in den Augen der wild kämpfenden Frau und fängt an zu weinen.

Der Untersuchungsbeamte zeigt auf ein Paar rote Stöckelschuhe, die, in eine transparente Plastiktüte verpackt, auf dem Tisch liegen. »Erkennen Sie die Schuhe?«, fragt er die Frau, welche, die Hände in Fesseln, ihren Blick stoisch ins Nichts gerichtet, regungslos vor ihm auf einem Stuhl sitzt. »Gehören die Ihnen?«, will er wissen.

Die Frau schweigt, schaut weg.

»Da ist eine goldene Plakette im Innern eines der Schuhe angebracht«, sagt der Beamte, »mit einem Namen darauf und einer Widmung auf der Rückseite.« Auf dem Gesicht der Frau blitzt für einen Moment Überraschung auf. »Wir wissen, dass die Schuhe Ihnen gehören«, sagt der Beamte, »wir können es beweisen. Und nicht nur, weil Sie sie mit sich trugen, als Sie festgenommen wurden. Genauso können wir beweisen, dass Sie es gewesen sind, die Anfang dieses Jahres den alleinstehenden älteren Herrn in seiner Wohnung in der Bergstrasse umgebracht hat. So wie drei weitere alleinstehende ältere Männer in den Monaten zuvor.« Er zeigt erneut auf den Tisch, diesmal auf eine braune Papiertragetasche, und sagt: »Wir haben auch dafür Beweise, handfeste Beweise. Was geschah Ende Januar dieses Jahres in der Bergstrasse, und vor allem: Weshalb geschah es?«, fragt der Untersuchungsbeamte. »Weshalb musste der Mann sterben? Und die anderen? Sagen Sie es mir«, betont er.

Die Frau schweigt.

»Dann werde ich es Ihnen sagen«, fährt der Untersuchungsbeamte fort. »Anders als beim letzten Mal wird es diesmal kein reiner Indizienprozess werden«, meint er. Er zeigt erneut auf den Tisch, wo die roten Stöckelschuhe und die braune Papiertüte liegen, und deutet auf ein Mobiltelefon daneben. Er nimmt das Telefon vom Tisch, schaut auf die Tastatur, sucht und drückt dann auf eine Taste. Das Geräusch von Stöckelschuhen – klack, klack, klack – ist zu hören. Die Frau horcht bei dem Geräusch auf. Nach einiger Zeit hört man das Öffnen und Schliessen einer Tür und dann die Stimme einer Frau, die ausser Atem sagt: »Danke, so muss ich die Schlüssel nicht bei dieser Kälte draussen aus meiner Tasche kramen.« Dann Schritte von einer Person, die eine Treppe hochgeht, und das Knistern einer Papiertragetasche. Die gleiche Frauenstimme sagt:

»Einen schönen Abend noch und eine gute Nacht.« Ein Schlüssel wird in ein Schloss gesteckt und gedreht, dann sind nur noch undeutliche Geräusche zu hören.

»Hier haben Sie ihn in seine Wohnung gestossen«, sagt der Untersuchungsbeamte und kommentiert weiter: »Er rennt nun zum Balkon, öffnet die Türe und versucht dann, über das Geländer auf den Balkon der Nachbarin zu gelangen.« Aus dem Mobiltelefon ist ein dumpfer Schlag zu hören. Der Beamte drückt die Pausentaste und sagt: »Sie haben ihn eingeholt und ihm mit einem Gegenstand auf den Hinterkopf geschlagen –« Er langt in die braune Papiertragetasche, nimmt ein in einen transparenten Plastikbeutel verpacktes Eisenrohr heraus und deutet an, zum Schlag auszuholen. Er legt das Rohr wieder zurück und drückt erneut auf die Abspieltaste. Ein schepperndes Geräusch, ein Knacken – aus. Der Beamte drückt die Stopptaste, legt das Mobiltelefon zurück auf den Tisch und sagt: »– dabei ist ihm das Mobiltelefon heruntergefallen. Sie haben ihn zurück in die Wohnung geschleppt, ihn dort auf brutalste Weise gequält und ermordet, mit Werkzeugen, die wir in der Papiertragetasche in Ihrer Wohnung gefunden haben.« Der Untersuchungsbeamte schaut die Frau an, studiert ihr Gesicht; fragt: »Würden Sie dies bis hierhin unterschreiben?«

Die Frau schweigt. Ihr Gesicht jedoch ist in Aufruhr, ihr Brustkorb hebt und senkt sich aufgeregt.

»Die Beweislast ist erdrückend«, sagt der Beamte. Er schaut der Frau noch immer ins Gesicht und zeigt gleichzeitig auf den Tisch mit den Beweismitteln. »Sie reicht aus, um Sie erneut für Jahre hinter Gitter zu bringen. Diesmal womöglich für immer.«

Nun schiesst die Frau von ihrem Stuhl auf und stürzt auf den Tisch zu, will sich auf die Beweismittel werfen. Der Untersuchungsbeamte nimmt rasch die Stöckelschuhe und das Mobiltelefon an sich. Die Frau fällt flach auf den Tisch, schlägt mit ihrem Kopf auf der Papiertragetasche auf und verletzt sich dabei. Der Beamte rückt den Stuhl näher an den Tisch heran und hilft der Frau, sich zu setzen. Auf ihrer Stirn schwillt eine Beule.

»Soll ich Ihnen einen Eisbeutel besorgen?«, fragt der Beamte.

Die Frau schüttelt den Kopf.

»Es sieht unschön aus«, sagt er besorgt.

»Nein«, sagt die Frau laut.

»Warum«, fragt der Untersuchungsbeamte erneut, »warum musste er sterben?«

»Weil er ein Arschloch war«, antwortet die Frau.

»Weshalb? Weshalb gerade er, weshalb die anderen, was haben sie Ihnen zuleide getan?«

»Weil sie alle Arschlöcher sind«, schreit die Frau in Rage.

»Warum?«, hakt der Untersuchungsbeamte nach, eine Spur Ungeduld in seiner Stimme.

»Alle ledigen alten Männer sind Arschlöcher«, sagt die Frau wieder gefasst und wirkt dabei nachdenklich.

»Möchten Sie jetzt reden?«, fragt der Untersuchungsbeamte mit ruhiger Stimme.

Die Frau schweigt, fällt in ihre sture Haltung zurück.

»Dann werde ich Ihnen sagen, welche Schlüsse wir anhand der Aufnahmen und der Spurensicherung ziehen. Sie sind dem älteren Herrn an jenem Abend auf seinem Nachhauseweg gefolgt. Er hat es mit der Angst zu tun bekommen, als er merkte, wie sich die Schritte hinter ihm beschleunigten, wie sie immer näher kamen. Er hat dann seinerseits beschleunigt, ist gerannt – um sein Leben gerannt, könnte man im Nachhinein sagen. Vergeblich«, meint der Beamte nachdenklich. »Er hat dann umständlich versucht, die Haustüre aufzuschliessen, hat dabei wertvolle Zeit verloren. Sie haben Ihre Stöckelschuhe ausgezogen, haben sie hinter den Baum vor dem Haus geworfen, um schneller zu sein. Was Ihnen dann ja auch gelang. Sie sind ihm ins Innere des Gebäudes gefolgt. Als er dann, genauso umständlich wie die Haustüre, versuchte, die Türe zu seiner Wohnung aufzuschliessen, holten Sie ihn ein. Sie stiessen ihn in seine Wohnung. Er brachte vor Schreck keinen Ton heraus und rannte unverzüglich zum Balkon, machte die Türe auf und versuchte, über die Brüstung auf den Balkon seiner Nachbarin zu gelangen. Hier schlugen Sie mit dem Eisenrohr zu. Dabei hat er sein Mobiltelefon verloren.« Der Untersuchungsbeamte räuspert sich. »Ich wiederhole: Dann haben Sie ihn zurück in die Wohnung geschleppt, ihn dort auf brutalste Weise gequält und ermordet – abgeschlachtet, wie einige Zeitungen damals schrieben, nachdem wir ihn nach Tagen halb verwest gefunden hatten –, mit den Werkzeugen, die wir in der Papiertragetasche in Ihrer Wohnung entdeckten. Das Mobiltelefon ist Ihnen zum Verhängnis geworden«, sagt der Untersuchungsbeamte. Dank der ungewöhnlichen Freizeitbeschäftigung des Ermordeten, denkt er. Er erinnert sich an die Aussage der Nachbarin des Opfers.

Die Nachbarin ist es gewesen, die das Mobiltelefon zur Polizei brachte. Sie war es auch, die wenige Tage nach der Tat die Polizei informiert hatte, nachdem sie im Treppenhaus Verwesungsgeruch wahrgenommen hatte, der offensichtlich aus der Wohnung ihres Nachbarn strömte. Das Mobiltelefon fand sie am ersten wärmeren Märztag bei Aufräumarbeiten auf ihrem Balkon in einem Übertopf. Sie wunderte sich, konnte sich nicht erinnern, je ein Mobiltelefon verloren zu haben. Da es sich nicht einschalten liess, lud sie es mithilfe des Ladekabels ihres Mobiltelefons auf und konnte nun das Telefonverzeichnis öffnen, fand jedoch keine Einträge. Nicht einmal Anrufe waren gespeichert. Erst als sie die Wiedergabetaste des Sprachrecorders drückte, tat sich etwas. Das Geräusch von Stöckelschuhen – klack, klack, klack – war zu hören und viele weitere Geräusche. Sie wunderte sich über die Aufnahmen, konnte sich aber keinen Reim darauf machen. Bis sie beim Anhören älterer Aufnahmen das Miauen einer Katze erkannte. Sie stutzte, spulte zurück, hörte sich das Miauen wiederholt an, bis es ihr dämmerte: Sie erinnerte sich, wie ihr Nachbar sie einmal gefragt hatte, ob er das Miauen ihrer Katze aufnehmen dürfe. Als sie ihn nach dem Grund dafür gefragt hatte, hatte er ihr geantwortet, dass er in seiner Freizeit Collagen aus Alltagsgeräuschen mache.

Der Untersuchungsbeamte erinnert sich, wie die alte Dame mit dem Mobiltelefon zu ihm gekommen war – kreidebleich, geschockt bei dem Gedanken, unter den Aufnahmen möglicherweise dem Mörder ihres Nachbarn begegnet zu sein.

»Die Beweislast ist erdrückend«, wiederholt sich der Untersuchungsbeamte. »Wir haben Sie, wir haben die roten Stöckelschuhe, wir haben die Papiertragetasche mit den Werkzeugen darin – übrigens, die Aufschrift darauf stammt von vor achtzehn Jahren. Und wir haben die Aussagen der älteren Frau, die Sie brutal niedergeschlagen und deren Hund Sie getötet haben –«

»Warum hat sich die blöde Kuh auch eingemischt. Es ging sie überhaupt nichts an«, sagt die Frau.

»– und dann haben wir da auch noch die Aussage des Mädchens.« Der Untersuchungsbeamte hält inne, lässt sich durch den Kopf gehen, was das Mädchen ausgesagt hat.

Das Mädchen war an jenem Samstagabend im Januar zusammen mit einem befreundeten Jungen unterwegs gewesen, als es hinter einem Baum ein Paar rote Stöckelschuhe liegen sah. Es zog seine Schuhe aus und probierte die High Heels an. Sie passten wie angegossen. Der Junge zweifelte, ob es rechtens sei, die Schuhe einfach so mitzunehmen; man wisse doch nicht, weshalb sie hier lägen. Das Mädchen steckte die Schuhe in ihre Tasche.

»Sie haben einen Fehler gemacht«, sagt der Untersuchungsbeamte. »Sie sind an den Ort der Tat zurückgekehrt, haben eine Bleibe in der Bergstrasse gemietet, wollten unbedingt Ihre Schuhe wiederhaben, haben nach ihnen Ausschau gehalten. Das hat das Mädchen fast das Leben gekostet.«

»Wieso hat das verdammte Miststück sie auch mitgenommen?«, schreit die Frau. »Sie gehören mir. Mir!«

»Vor allem und am wichtigsten«, sagt der Untersuchungsbeamte: »Wir kennen Ihre Vergangenheit.« Er nimmt eine Plastikmappe mit Zeitungsartikeln aus einem Aktenordner und legt sie vor die Frau auf den Tisch.

Die Frau schaut kurz auf, sieht eine Headline: »Sämi bestialisch ermordet.« Sie senkt ihren Kopf, schliesst die Augen.

Sämi – nicht mehr jung, aber immer noch gut aussehend – war ein erfolgreicher Entertainer mit einer eigenen Show im Fernsehen. Der Traum aller Schwiegermütter. Ein notorischer Junggeselle jedoch. Bis Svetlana in sein Leben trat. Es verging damals kein Tag, an dem nicht über das Paar berichtet worden wäre. Es wurde gerätselt, wie ausgerechnet sie es geschafft hatte, ihn herumzukriegen.

Die Ankündigung der Hochzeit der beiden hatte für Tage und Wochen die Spalten der Boulevardpresse gefüllt, sogar jene der »seriösen« Blätter. Sämis grosser Beliebtheit wegen. Die Heirat war ein Ereignis von nationaler Bedeutung. Das Hochzeitsbild – sie ganz in Weiss mit blutroten Stöckelschuhen, er in Frack und Zylinder – dominierte für lange Zeit die Aushänge der Kioske; es war *das* vorherrschende Gesprächsthema. Der Frack, der steife Kragen und die Fliege fielen auf – unangenehm. Diese Accessoires würden ihn irgendwie einengen, war der vorherrschende Tenor, passten so gar nicht zu der sportlichen, offenen Art des Sonnyboys der Nation, wie er oft genannt wurde. Auch das Gesicht, das er auf dem Foto machte, passe nicht gerade zu einem glücklich Verheirateten.

Die blutroten Stöckelschuhe der Braut erregten die Gemüter noch viel mehr. Glaubte man doch, sie sagten einiges über die Frau an Sämis Seite aus. So was gehöre sich nicht für eine Hochzeit, war die einhellige Meinung. Die Stöckelschuhe seien seine Idee gewesen, sagte Sämi. Er habe sie extra für Svetlana bei einem Meister seines Faches anfertigen lassen, nahm er seine Angetraute in Schutz. Es wurde gemunkelt, auf der Innenseite der Schuhe sei eine Plakette aus purem Gold angebracht, mit einer Widmung von Sämi darauf – die Widmung selbst blieb ein Geheimnis. Über den Preis der Schuhe wurde landauf, landab gerätselt. Sämi bestätigte, dass sie nicht gerade billig gewesen seien, seine übrigens auch nicht. Die Schuhe seien ja gewissermassen das Fundament ihrer Ehe, und das dürfe ruhig etwas kosten. Es solle ja für lange Zeit halten. »Ein

Fundament auf wackeligen Beinen«, titelte damals eine Zeitung.

Es war keine grosse Überraschung, als Sämi nach nur wenigen Monaten einem Talkmaster in einem Interview gestand, die Ehe sei am Ende. Es sei ein Irrtum seinerseits gewesen, betonte er. Und dass er sich dafür schäme. Er entschuldigte sich öffentlich bei Svetlana, dass er sie in diese unangenehme Situation gebracht hat. Er liebe sie wirklich, aber halt auf seine Art.

Die Nation war geschockt, als schon am Tag darauf Sämis brutales Ende Schlagzeilen machte. Diesmal füllten Fotos seines auf übelste Weise zugerichteten Körpers die Seiten von Zeitungen und Zeitschriften. Die Obduktion ergab, dass er mit Werkzeugen, wahrscheinlich aus seiner eigenen Werkzeugkiste, gefoltert worden war, bevor er durch mehrere Einstiche in seinen Hals ein qualvolles Ende fand – hervorgerufen durch die spitzen Absätze von Stöckelschuhen. Weder die Stöckelschuhe noch die Werkzeuge wurden je gefunden. Die Täterin schon. Noch am selben Tag wurde Svetlana bei dem Versuch, die Grenze zu einem Nachbarland zu überqueren, festgenommen. Sie wurde in einem Indizienprozess für die Ermordung von Sämi zu neunzehn Jahren Haft verurteilt und nach fünfzehn Jahren, also vor wenigen Monaten, vorzeitig aus dem Gefängnis entlassen.

Während des Prozesses wegen der Ermordung von vier alleinstehenden älteren Herren lüftete der Staatsanwalt auch das Geheimnis um die Inschrift der Goldplakette. Auf der Vorderseite stand schlicht »Sämi«. Was aber bedeutete die Gravur »Miststück!« auf der Rückseite? Svetlana schwieg.

Heldentod

An der Bushaltestelle auf dem Bahnhofsplatz stehen Leute. Sie warten auf den Dreier in die Stadt. Auf einer Bank bei der grossen Treppe zu den Geleisen sitzt ein dicker junger Mann. Er sieht aus, als sei mit ihm etwas nicht in Ordnung. Seine Augenlider senken sich, dann neigt sich sein Kopf auf die Brust und hebt sich nach einiger Zeit wieder. Neben ihm sitzt ein dünnes dunkelhäutiges Mädchen. Es rutscht nervös auf der Bank hin und her, weiss nicht, wohin mit seinen Händen. Sie warten auf die S1, wollen nach Hause, sich hinlegen, wegtreten.

Ein Mann mittleren Alters geht die Strasse zum Bahnhof hinauf. Plötzlich bleibt er stehen. Er wird bleich. Ihm ist komisch, sein rechter Arm fühlt sich lahm an und er hat ein dumpfes Gefühl im Kopf. Der Insektenstich vor ein paar Tagen kommt ihm in den Sinn. Eigentlich hatte er gedacht, es wäre vorbei, ausgestanden. Die Wunde hatte schlimm ausgesehen. Gleich mehrere Einstiche an derselben Stelle, auf dem Rücken an der linken Schulter, und eine Flüssigkeit sonderte sich ab, als er die Wunde berührte. Sie schmerzte jedoch nicht, juckte lediglich etwas. Er hatte deshalb keinen Grund gesehen, gleich zum Doktor zu rennen. Zudem hatte er in letzter Zeit zu viele von ihnen gesehen. Nach zwei, drei Tagen schien alles wieder in Ordnung.

Nun steht er da, kreidebleich, verunsichert, und fragt sich, ob es nicht besser wäre, wenn er gleich weiterlaufen würde, zur Notfallpraxis im nahen Kantonsspital, anstatt mit dem Bus zur Arbeit zu fahren. Doch – schon wieder fehlen? Er hatte die Arbeit eben erst wieder aufgenommen nach monatelanger gesundheitsbedingter Abwesenheit. Er läuft weiter, will den Dreier erreichen.

Als er eben den Bus besteigen will, wird ihm schwindlig. Er dreht ab, will jetzt doch zur Notfallpraxis. Vor einer Bank bei der grossen Treppe zu den Geleisen bleibt er stehen. Er nimmt, verschwommen, zwei Gestalten auf der Bank wahr, sagt wie in Trance: »Mir ist komisch, mir ist anders, ich glaub, ich verliere das Bewusstsein.« Dann bricht er zusammen.

Der dicke junge Mann hebt langsam seinen Kopf, seine Lider. Er steht schwerfällig von der Bank auf, wankt, bückt sich, als wollte er den Mann hochheben.

»Spinnst du«, sagt das dünne dunkelhäutige Mädchen. »Du kannst dich ja selber kaum auf den Beinen halten. Ich rufe den Notarzt.« Es kramt nervös das Mobiltelefon aus seiner Jeans, blickt auf das Display, sagt: »Scheisse, ich habe kein Guthaben mehr drauf.«

Der dicke junge Mann bückt sich erneut, nimmt den Bewusstlosen vom Boden auf und legt ihn über seine Schulter. Er läuft los, auf wackeligen Beinen, Richtung Fussweg zum Kantonsspital.

»Bist du blöd«, sagt eine Frau, die sie vorhin auf der Drogenabgabestelle getroffen haben, zum dünnen dunkelhäutigen Mädchen. »Um den Notarzt anzurufen, brauchst du gar kein Guthaben.«

»Oh nein!« Das dünne dunkelhäutige Mädchen schlägt sich gegen die Stirn, wählt dann mit zittriger Hand den Notruf und kreischt ins Telefon: »Dieser Blödmann, der sich kaum selber auf den Beinen halten kann, ist mit einem Mann auf der Schulter auf dem Weg ins Kantonsspital!«

»Bitte, beruhigen Sie sich«, hört das Mädchen. »Und jetzt erzählen Sie mir das Ganze nochmals ruhig von vorne.«

Der Arzt packt den Notfallkoffer und stürzt aus der Praxis. »Ein Notfall! Wo ist der Fussweg zum Bahnhof?«, ruft er einer Pflegefachfrau zu, die gerade auf dem Weg in die Pause ist. Er hat seinen Job eben erst angetreten, kommt aus dem Ausland, kennt sich noch nicht aus mit den Örtlichkeiten.

»Ich komme mit und zeige Ihnen, wo es ist«, sagt die Pflegefachfrau. Die beiden eilen Richtung Fussweg, die Pflegefachfrau voraus. Auf halbem Weg kommt ihnen schwankend ein dicker junger Mann entgegen, einen leblosen Körper auf der Schulter. Der Arzt und die Pflegefachfrau bleiben stehen. Der junge Mann jedoch läuft, seine Augen scheinbar geschlossenen, an ihnen vorbei.

»Entschuldigung«, ruft der Arzt.

Die Pflegefachfrau holt den jungen Mann ein und stoppt ihn: »Wir sind hier, um dem Mann zu helfen.« Sie und der Arzt heben den leblosen Körper von der Schulter des jungen Mannes und legen ihn auf den Boden. Die Pflegefachfrau erschrickt, als sie das Gesicht des Mannes sieht. Sie fühlt seinen Puls und knöpft ihm das Hemd auf. Der Arzt öffnet den Notfallkoffer, entnimmt ihm Instrumente und beginnt mit dem Check. »Wir müssen mit der Wiederbelebung beginnen«, sagt die Pflegefachfrau, während der Arzt den Mann noch untersucht.

Unterdessen ist auch das dünne dunkelhäutige Mädchen dazugekommen. »Helfen Sie ihm doch, bitte, helfen Sie ihm doch!«, schreit es hysterisch, als es den leblosen Körper auf dem Weg liegen sieht.

»Wir tun unser Bestes«, sagt der Arzt und fängt mit der Herzmassage an. Die Pflegefachfrau löst ihn dabei immer wieder ab. Die Zeit scheint endlos. Das Mädchen steht da, zitternd am ganzen Körper, der dicke junge Mann schwankend daneben, den Kopf auf seiner Brust. Er macht den Eindruck, als würde er jeden Moment umfallen.

Der Arzt fühlt erneut den Puls des Mannes. Dann legt er seine Hand auf den Arm der Pflegefachfrau, deutet ihr an, mit der Herzmassage aufzuhören. Sie macht weiter. Der Arzt wendet sich dem dicken jungen Mann zu und sagt: »Wir haben alles versucht. Sie haben das Richtige getan, danke.« Er dreht sich wieder um, schaut in das Gesicht der Pflegefachfrau, die inzwischen mit der Wiederbelebung aufgehört hat, sieht den Schmerz darin, ihre Tränen. Verwundert fragt er: »Kennen Sie ihn näher? Ist er ein Freund, ein Angehöriger?«

Die Pflegefachfrau schüttelt den Kopf. Sie wischt sich die Tränen aus dem Gesicht und fängt mit brüchiger Stimme an zu erzählen. »Er war gerade erst bei uns im Spital, zur Nachkontrolle. Er war vor fast einem Jahr lebensgefährlich verletzt worden, als er einem kleinen Kind das Leben gerettet hatte. Ein Lastwagen hatte ihn erfasst und mitgeschleift, als er das Mädchen im letzten Moment vor dem Gefährt weggezogen und es so vor dem sicheren Tod bewahrt hatte. Das Mädchen hatte sich von der Hand der Mutter gelöst und war unvermittelt auf die Fahrbahn gesprungen, als es seinen Vater auf der anderen Strassenseite gesehen hatte.« Die Pflegefachfrau schaut auf den leblosen Körper vor sich. »Er hatte auf der Intensivstation gelegen, war von den Ärzten eigentlich schon aufgegeben worden. Der Vater des Mädchens, sehr vermögend, wollte es jedoch nicht akzeptieren, dass der Mann, der seiner Tochter das Leben gerettet hatte, nun sterben sollte. Er wollte das Leben des Mannes um jeden Preis erhalten. Er liess Ärzteteams einfliegen, scheute keinen Aufwand, das schier Unmögliche möglich zu machen und den Mann ins Leben zurückzuholen. Was dann auch gelang. Der Mann wurde erst vor Kurzem als geheilt aus der Rehabilitation entlassen, musste vierteljährlich zur

Kontrolle.« Tränen steigen der Pflegefachfrau erneut in die Augen.

Nicht nur ihr. »Das tut mir leid«, sagt der Arzt und legt seine Hand tröstend auf ihren Arm. »Es lehrt uns auch etwas«, sagt er, als spräche er zu sich selbst.

»Wir müssen«, meint er dann, als er zwei Sanitäter mit einer Bahre kommen sieht.

»Sie kommen besser auch gleich mit«, sagt die Pflegefachfrau zu dem dicken jungen Mann, der sich auf den Boden gesetzt hat und die Hände vor sein Gesicht hält. Sie hilft ihm auf, sagt, als sie ein Schluchzen von ihm vernimmt. »Machen Sie sich keine Gedanken. Es lag nicht in Ihrer Hand, aber es war gut gemeint von Ihnen.«

The Swiss who had a child with Janis Joplin

»No, Willy, that's not where we want to go; no! That's where the drunkards live,« the elderly woman said to her dog, who pulled her in the direction of some abandoned carpark on the outskirts of the city. Nevertheless, Willy pulled her there, pulled her in front of a scruffy caravan. An unpleasant smell filled her nose. The smell of death and decay. The elderly woman again pulled at the leash, and said, »No, Willy, no.« In vain, Willy didn't move, but barked at the caravan. The elderly woman let the leash go and hurried to the nearest settlement, to call the police.

A police car stopped in front of the scruffy caravan. Two policemen got out. Smelling the stench of decay, they took out their handkerchiefs and covered their noses. They knocked on the door. When they got no answer, they tried it again, leaning against it when it did not immediately open. It popped open under their force. Their eyes opened wide at what they encountered. In front of them, on the ground, lay the rotting corpse of a man. Next to it, shards of glass and the spot of a dried spill. In the middle of it, a shriveled fetus. One of the policemen left the caravan and walked to the police car to call their colleagues from the homicide department. Meanwhile, his colleague put on gloves and looked for identification of the dead. Pulling open a drawer, he found a passport featuring a white cross on a red background.

»Do you know it?« the first officer asked his colleague, who had since returned from outside.

He shrugged his shoulders, and said, »Swedish?«

»Swiss,« a voice coming from the caravan's door said.

They turned around. A white bearded man in filthy clothes stood in the doorway.

»Swiss?« asked one of the policemen.

»Yes, Swiss,« the bearded man said. »Cheese with holes, chocolate, precise watches . . . Banks who cheat the American tax authorities,« he said when the policemen still seemed to misunderstand.

»I see, those idiots,« one of the policemen said.

»You're under arrest,« the other one said.

»Why?« the bearded man asked.

»Because you know a dead idiot.«

»Do you know this thing, too?« the second policeman asked and pointed to the fetus.

»No,« the bearded man said. »I know he has a grown-up daughter. She has just reached legal age—we have celebrated her birthday, her coming of age, the other day—but that he had a fetus, I didn't know that.«

The plainclothes officers from the homicide department arrived and took over from the uniformed. The two policemen left with the bearded man between them, taking him to the remand prison.

»Tell me about the deceased,« the investigating officer asked the bearded man.

»I actually don't know anything about him; just wasn't talkative. He was more a loner, you know; stayed to himself all the time.«

»I see,« the investigating officer said. »To my colleagues, though, you said that only recently you had, together with him, celebrated his daughter's birthday.«

»Oh, you mean that,« the bearded man said. »We really hadn't known anything about him until last Friday. We had asked him countless times to join us for a drink. He always declined. The same happened last Friday, when we knocked at his door. His excuse was always the same, that his daughter would phone, and he therefore needed to be at home.«

»You have telephone connection out there?« the investigating officer asked.

»Actually, we don't. But you know how it is, a spinner's one better left alone, leave them their ideas. When, last Friday, we nonetheless knocked at his door, he, as usual, declined; said that he was waiting for his daughter to call. He told us, that today, on no account, could he come with us. Because it would be his daughter's birthday today, her coming of age even. So, we left him. But then, later in the evening, one of my colleagues got the idea to buy some bottles of wine, to knock at his door again, to celebrate his daughter's coming of age. And so, we did. To our amazement, he didn't decline but joined us and drank with us to his daughter's majority. We wondered what amount of alcohol would fit in such a small person. Had we not already drunk a lot that evening, we would have been left thirsty after he had hit the bottle.«

»Did he talk then?« the investigating officer asked.

»He did, indeed,« the bearded man said. »Drinking had made him quite talkative. We learned, at least, a bit about his life. The coming of age of his daughter, it seemed, had made him bother a lot, as, probably, it does any father.«

»Tell me about him then,« the investigating officer said.

He had left school for good. His father had left the family for another woman. His brother had left to move in with his girlfriend, and his sister had started a training abroad. Even his mother had somehow left, was on a trip to self-discovery. Therefore, he was alone, all alone. He was one of those young people, called the »no future« generation. Young people who didn't want to live a life as their parents did. And at the same time, didn't know what else to do—therefore, simply living for the moment. Many of them got into drugs. He easily could have been one of them, had he not been such a scaredy-cat, afraid of people; which kept him out of it.

He took on a job as a dishwasher in the restaurant of a department store. He didn't like the job: felt disgusted, throwing the leftovers, the mess left on the plates by the guests, into the bucket for the pigs; didn't like the sound of the machine that washed the dishes. He was just feeding it. He vegetated, waited for something to happen, to be freed—be struck by lightning.

It happened during the school holidays. A teenage girl took on a vacation job in the restaurant of the department store. From the very beginning, she showed interest in him, sought to get close to him; appeared in the scullery, even when she was not asked to. He could not respond to it. Although, he did like the girl, felt attracted to her. He was glad when the school holiday was over and she had to leave, because he felt so bad in her presence, not being able to react to her advances. He hated himself for it. He was glad, relieved even, when she was gone, so he could get her out of his mind, get back to normality; even if normality meant loneliness for him. He knew that even though loneliness hurt him, it didn't hurt as much as being in love would hurt.

It was on a platform at the train station, where he saw her again. In a photo. A nun had approached him, had shown him the photo of a girl and asked him whether he knew her. She told him that the girl in the photo had run away from home. He had shaken his head slightly, had not dared to say, »No, not at all,« to the nun. The nun then asked him to take the photo with him and to look for the girl. He agreed.

He took a train heading to Zurich. It was the first time that he went there on his own. He didn't go far, knowing of his inability to find his way or to read a map. He only walked up and down Bahnhofstrasse and then stayed around the railway station. He went to a park near the station, at the Landesmuseum, and sat there on a bench to have a rest. After he had sat there for some time, he overheard a conversation nearby. He thought he recognized one of the voices: that of the girl in the photo, the girl he never really had gotten out of his mind. He turned his head and saw her standing together with two young men. She had her back toward him. The men, as he understood, wanted to sell her drugs.

»I don't have the money,« he heard her say.

»You pay in kind, pay with your body,« one of the men said.

He got up from the bench and went over to them, asked the girl not to do it, told her that she was too young to throw away her life.

The two men laughed about his speech. »You're from the Salvation Army?« one of them asked him.

»I'm not,« he said.

»Then you vanish immediately,« the other one said. »Otherwise, we can't guarantee for your health.«

»Leave him,« the girl shouted at them. She took him by his hand and wanted to leave.

»Don't tell me this chicken is your boyfriend,« one of the men said. »She is your girlfriend?« he asked him when the girl didn't answer. »Is she?« he repeated more fiercely.

»She is,« he said timidly. Neither did he dare to look at the girl or the men, but looked down.

They beat him up, despite the girl again shouting at them not to do so. The girl got him up afterwards, apologized to him, and walked him to the railway station. Before entering the train toward home, he took out his purse and gave her all the money he had with him.

»So you don't have to sell your body,« he said shyly. They agreed to meet every fortnight at the railway station where he would give her more.

Although his salary wasn't much, every other weekend, he went to Zurich to give her money. They would walk up and down Bahnhofstrasse without talking. Then she would get him to his train home again, would say thank you at the railway station, and kiss him on his cheek. He still could not respond to it. Nonetheless, he thought of them as being friends—close friends.

One day, when he went to Zurich again, she wasn't there, was not at the railway station, to meet him. He waited for an hour for her to appear, and contemplated taking the next train home, going to the police to report a missing person, or asking around near the railway station for her. He entered the next train home; turned back, halfway through the journey, got off the train, and waited for the next one to leave for Zurich. He had decided to behave like a grown up, not as a small child, and ask around for her. He had remembered that still he had the photo from the nun with him that he could show around. It took a couple of attempts for him to ask, as it caused him much difficulty to approach strangers. Let alone to show them the photo of a young girl and ask about her whereabouts.

With every shaking of a head, every no, we don't know her, he worried more about her wellbeing; his concerns for her increased. It even made him dare to consider going to the park where they had met again to ask about her. It was there he found some people who claimed to know her, to know about her whereabouts. They told him that only the other day she had been with them in the park. Which made him even more worried about her wellbeing, as the young people where smoking some sort of cigarette he thought was known as marijuana. They wanted to know who he was, to ask about the girl. He told them that they were friends.

»That means she is your girlfriend,« a teenage girl said to him. He slightly nodded, blushing. They laughed at him. The teenage girl then told him that she, together with a friend, had gone to America, to an open-air concert in the state of New York. He wondered how she had gotten the money to pay to go there, knowing the money he gave her would never be enough to buy an air ticket to the USA, let alone to pay for a hotel room. He forced himself to ask them, and did so shyly. They laughed at him again, laughed out loud.

»You don't know how your girlfriend earns her money?« one of the boys asked him.

He blushed. He went home and asked his mother whether she would give him the money his godfather always sent him on his birthday and at Christmas, so he could pay for driving lessons once he reached the legal age. He told her that he did not want to drive a car, but urgently needed a break, to go away for some time, to get distance from everyday life. He was quite surprised when without objections she agreed to give him the money she had put aside for him. She had a new boyfriend, a married man, who she would have liked to take home, as not to be seen in public with him. So, she was glad to have an empty home.

Marked by the flight and the long bus journeys, he arrived at the venue of the open-air festival; full of wonder at how he had found his way there. Whether it was his worries about the integrity of the girl, or even love for her, that guided him. Despite being utterly exhausted, he didn't dare to sit down and have a rest, for fear of missing her, but went straight to find her. With only his schoolyard English and the photo he had from the nun, he walked around and asked about the girl. He wrote her name on a piece of cardboard and held it up to be more efficient, searching for her. He had seen her surname on the time card for the restaurant's time clock, where he had looked it up while she worked there. But, he searched without success. Nobody seemed to have seen her.

»You sure she is here?« someone asked him. »Isn't she

a bit too young to travel that far at her age?« A question he had not had the time to ask himself while still at home. After searching for her for hours, with no result, the continuous shaking of heads, and the countless No, I don't know her, he got ever more desperate. Also, he urgently needed to go to the toilet. He struggled to find one, and when he did, it was engaged with long lines of people waiting in front of it. He couldn't bring himself to relieve himself behind the toilets, as he had seen others doing.

When he saw a camp with tents and caravans in the distance, he went there in the hopes of finding a toilet. Futile. He didn't find one. When he turned back, came around some corner, he bumped into a woman. He thought he knew the woman's face from somewhere, despite the huge sunglasses that covered her eyes, or maybe it was because of them. But, he couldn't place her. The woman looked at him. He apologized.

»Is there something wrong with you?« the woman asked. »You look as if you're having some difficulties.«

»Do you know whether there are any toilets here?« he asked shyly.

»You're sweet,« she said. »It's a private area here; how did you get past the overseer?«

He didn't know how to answer; nobody had hindered him getting in there.

»Probably, because you look like a rock star yourself.« She laughed. »A shy one, though, which is rare. Come with me,« she said, »before you wet your pants.« She led him to her caravan and showed him the toilet. »You know who I am?« she asked him when he came out again.

»I'm not sure,« he said. »I think to know your face from somewhere, but . . .«

»I'm Janis,« she said, »Janis Joplin. You want to hug Janis?«

He shyly reached out his hand to her and said thank you, but wanted to leave.

»Not so fast,« Janis said. She held his hand firmly and pulled him towards her, embraced and kissed him, kissed him on his mouth. Nobody ever had before. He blushed, and still wanted to leave.

»Wait,« Janis said. She opened a drawer, pulled out a card, and wrote something on it. »It's a visitor's card,« she said. »So you won't have problems getting in again. I've got to leave for rehearsal now, have a concert later. You can visit me after the concert. It always feels so lonely afterwards, all alone in the caravan. Will you?«

He didn't say anything, but thanked her for being allowed to use her toilet.

»You will!« Janis shouted after him when he shut the door behind him.

He was all in a fluster after what he just had experienced. He didn't leave the compound for fear he wouldn't find his way back to her caravan. Although, at the same time, he wasn't sure whether he wanted to see her again, betray his girlfriend, give up his search for her. »You sure she is here? Isn't she a bit too young to travel that far at her age?« He remembered the words from before. He wandered aimlessly around for a long time, contemplating. Then, with a heavy conscience, he sat down on the steps of Janis's caravan and listened to the distant sound of the concerts until he fell asleep, his head on his knees. It was dark and the moon stood full in the sky when he was woken out of his dreams, feeling a hand on his shoulder. When he looked up, he saw it was Janis's hand.

Hardly inside the caravan, Janis started to undress and then threw herself naked on the bed. The very moment she had started to unbutton her blouse, he turned his head away.

»You, with your weak bladder,« Janis taunted. »You'd better go to the toilet first, will you?« He did as she said. He had been in there for quite some time when he heard her shout, »What the hell are you doing in there for such a long time?« He got out, stood there in only his underclothes, looking at the floor. He had undressed in the toilet, rather slowly, believing to have understood her intention.

»Hey,« Janis said, »never seen a naked woman?«

He didn't answer, just raised his head and looked; his heart pounded fast at her well-shaped, white bum. Janis patted her hand on the mattress until he sat down at the edge of the bed. Some time passed, and then Janis took his hand and put it on her bum. He blushed and shyly waited, his hand unmoving on her backside.

»Now,« Janis said.

He started caressing Janis's bum; gently at first, then more intensive. He was preoccupied with it for quite some time when Janis stopped him, had seemingly enough of the treatment. Janis wordlessly took him by his shoulder, pressed him against the mattress, pulled down his underpants, and sat astride on his lap, taking him. He closed his eyes. He felt bad, the woman on top of him, her face all tense, having sex so differently from his idea of physical love between a man and a woman. He left his eyes closed after she had finished with him, felt like sleeping. A gentle blow to his cheek though kept him from drifting away.

»That's quite an insult,« Janis said, not unfriendly. »Never, ever has a man fallen asleep having sex with me.« She got off of him, opened a drawer, and took out some things. Amongst them a rubber tube for ligatures. He wondered at this. Janis put the tube in his hand and asked him to tie up her upper arm. Frightened, he hesitated. »Sex was not for free, you know,« Janis said. »Wasn't just about the limit with you. I need a proper orgasm.«

Still, he hesitated.

»We are friends, aren't we?« she asked. »Want to see me again?«

Although he didn't quite understand her, he understood her craving. With his hands shaking, he tied the tube to her upper arm. Then Janis set the needle. In any other circumstance, he would have turned his head away, but concerned about the woman he had just had sex with, he watched her do it. His eyes opened wide. It was the first time he had seen somebody set the needle.

Janis closed her eyes and said, »You go; for what comes now, I don't need anybody with me—least of all a chicken like you.« He hesitated, felt bad leaving her in that state. »You go,« she said again, but now harshly.

He dressed slowly and left, taking a look back at the door. He felt bad, seeing her lying there, her eyes now wide open, lost in reverie. For one moment, he thought to stop by at a first aid spot, to get her help there. He didn't.

He stayed with some people around a campfire. They had invited him to join them when they had seen him walking by, his head down. They told him about Jesus, how much he loved him. They wanted him to pray and find his way to the Lord. He did what they asked of him. He was too tired, too shy, to say no. In his thoughts, though, he stayed with Janis, worried more about her wellbeing, than his salvation. When he woke up in the morning, there wasn't anybody there anymore. The campfire had gone cold, so had he. He felt lonely.

He went to the tent and caravan town in the hopes of seeing Janis again, to find out whether she was ok. He still had the visitor's card with him. He didn't need it; there were no overseers. Most of the caravans had left, also Janis's. There were some young people, hippies, who were cleaning up the place. One of them, a young man, asked him whether he was ok.

»You look dejected,« he said. »What's wrong with you?«

»Do you know where I can find Janis Joplin?« he asked shyly.

»You know Janis Joplin?« the young man asked, amazed.

»We met last night.«

»You're a rock star?« the young man asked. »You must be. Janis doesn't sleep with ordinary people.«

He blushed and wanted to go away.

»Wait,« the young man said. »You could help us clean up the place. Afterwards, you can join us. We follow the baggage train from open-air to open-air, clean up the place afterwards, earn some money this way. You will have the chance to see her again. Lucky you,« the young man said, shaking his head, »I'd give anything to touch her ass.« The young man picked up an empty beer bottle and put it in a garbage bag. He helped him and joined them afterwards. He went from place to place with them, became a hippy. He didn't meet Janis again, however, only saw her from the distance, performing at concerts. When they arrived at the first venue, he had gone to the caravan and tent town to show his visitor's card; they laughed at him, took the card, and told him to beat off.

One day, when they stayed near a big city, and he went sightseeing there, he bumped into her again. She first went past him as if she hadn't recognized him, only stopped and turned around when he shyly said, »Hello; hello, Janis, it's me.«

She didn't greet him, but went straight at him, accused him of having her hooked up with a child. »I won't let my career be ruined only because you slept with me,« she said, »I'm on my way, doing away with it.«

He was shocked: first, by the thought that their being together had resulted in Janis getting pregnant, in his becoming a father; but, even more, by the thought of the child being murdered, even before having seen the light of the day. He begged her not to do away with it, that if she did not want it, he would be happy to rise the child himself. For one moment, he thought that she would accept his offer, because Janis seemed to be thinking, but then she snapped at him, told him to go away. »It's a human being; you can't just throw it away as if it was rubbish,« he said to her imploringly.

»Go away,« Janis said. »Just go away,« she repeated.

»Please,« he said, near tears.

»It's my body; I decide what I do with it, please, leave.«

He couldn't bring himself to leave, just stood there not knowing what more to say, to hinder her doing it. The moment Janis moved, he moved too, followed her. When some young people passed, Janis told them that she felt harassed by him. The young people kept him back, beat him.

»It's murder,« he said, in tears when he saw Janis moving around some buildings. The young people let him go. One of them even apologized to him. He waited until the young people were out of sight and then hurried in the direction he had seen her vanish. He desperately wandered the streets in the area; then, all of a sudden, he thought he saw her entering an old building in the distance. He went there and tried to get in.

The man who guarded the entrance stopped him. »What do you want here?« the man asked him.

He told him that only a minute ago his girlfriend had gone in. The man laughed loudly, then his face changed immediately to an angry one. »Beat it,« the man said, »or I'll beat you.«

He was in despair, but considering the posture of the man, he went away. He hid in the corner of a building nearby, watched the entrance from there, until he saw the doorman going inside. He hurried to the building and hid in the backyard, waited there, not knowing what for.

Some time went by, and then a woman came out of the back entrance. She had a plastic bag in her hand, which she threw into a garbage bin. When she had gone, he came out of his hiding place and went to the garbage bin. He lifted the lid and took the plastic bag out, fumbling the contents. It felt like a tiny human body. He could feel little feet, a back, and a head. Tears ran down his face; he started trembling.

He left the hippy commune and settled down. First, he lived in a tiny lodger flat in a rundown district on the outskirts of the city; then, when his funds grew narrow, he moved to a trailer park for casual and harvest workers on peanut, almond, and pistachio farms. With some of the money he had left, he bought a used foldable pram. Every day he put his girl, whose home now was a preserving jar filled with formaldehyde, in the pram and went for a walk with her, to give her fresh air. If he had time at hand, he went with her to the coast, where the ashes of her mother had been scattered after she had died of an overdose—only the day after she had entrusted the child to him.

It was there, on a stroll, when he overheard some people talking about her death actually having been an accident. That, in fact, she had taken too much of the drug because of severe pains due to complications after a medical intervention that had gone wrong. He had taken a poster announcing her dead from a stationer, had cut out the photo, and pinned it on a wall in the caravan, so his child would get to know about her mother. On the third of October, he commemorated her death. The day before, he celebrated the child's birthday. He bought a cake and put candles on it, according to her age.

When the child reached her fourth birthday, he took her to preschool. Every morning he got her there, and in the afternoon, he fetched her again. Doing this always conjured a big smile on his face; when, after lessons, she came skipping towards him.

One day, in the afternoon, when he was waiting

for his daughter to appear—she now was in primary school—he was stopped by the police. They wanted to know what reason he had to appear outside the schoolyard almost daily. He didn't look for an excuse but told them straight that he was getting his child to school in the morning and collecting her in the afternoon again. They admitted him to a psychiatric clinic, where he was diagnosed a harmless lunatic who thought he'd had sex with Janis Joplin and, as a result, had a child. He was released with the requirements not to get near schoolyards anymore. Otherwise, he would be arrested and put in jail.

While he was at the clinic, he had a visitor from the Swiss consulate. It was a rather short encounter. The man asked strange questions he was not able to answer. Still, he offered him support if needed. The consulate would even bear the costs for his stay. After he had been able to state that he was not a welfare recipient or a pauper, but earned money as a harvest worker, they didn't bother him anymore.

However, neither the police nor the people in the psychiatric clinic had searched the bag he had with him the entire time. After being released, he went back to his caravan and continued his life in seclusion there. His girl was sent to a private school nearby, where she could stay during the week. For the weekends, he brought her home. Staying on his own all week, he enjoyed it all the more, being together with his girl during her long summer holiday. He undertook many things with her. They went for long walks, telling each other about their plans for their future, went on excursions, visited holiday parks, and enjoyed sports. They also spent lots of time at the beach, feeling like Janis was with them. She loved her mother. Thought of her as a fine person, even if she only knew her from what he told her. Her face, she knew from the poster in the caravan.

Once a month, on a Friday evening, he went to town to the post office to phone his mother; or rather, his mother phoned him. He reported to her how the child was growing up, how she was flourishing splendidly and about the good grades she always brought home. »That, surely, she must have from her mother,« his mother usually said. All his mother learned about the mother of the child was that their being together had been an accident and that the mother had abandoned the child. He ensured his mother, in trying to be an example to his child, that he worked hard to be a good father, to be there for her when she needs him, to give her a good education; and aimed to be a role model for her, so she stays on the right path—to prepare her for life in the world.

His mother had been very pleased to learn that she had become a grandmother and she was always keen to learn about the child's progress. She was so sorry she couldn't come over and see the child, because of her fear of flying. He excused her, knowing that he would not be flying over to her with the child, because he himself suffered extremely when he travelled. He noted that he had probably inherited this phobia from her, and that he didn't feel like going through that same ordeal again. He explained not coming back after his break then with the fact that the sun in California had been good for his disposition and that he had found a job he liked. And working on farms, out in the open, meant a lot to him. He also told her that the produce would be exported to Switzerland, and that she could think about him when eating almonds, pistachios, and peanuts; that they may have passed right through his hands.

He constantly feared that his sister and brother might want to come over to see their niece. Especially his brother, because he had become a globetrotter. But it never happened. The phone calls to his mother were his only connection to the world outside. Except maybe for some other harvest workers, who, like him, vegetated at the site. Although, he had never made friends with them, nevertheless, they often, on a Friday evening, appeared at his place and asked him to join them for a drink. He always declined. He didn't want to leave his girl alone at night when she was small. She might need something and he would not be at home. When she went to private school, and not coming home during the week, only on Friday evenings, he wanted to enjoy the little time they had together. Then later, when she went to college, he waited for her phone calls, to learn how she was doing, to hear about her progress at school.

It was on her eighteenth birthday, when she came of age, that his workmates, on a Friday evening, again appeared at his place and asked him out. He declined, as usual, told them that he was waiting for a phone call from his daughter. Told them that this Friday, for him, it was especially important to be at home, because of the special day it was, namely, his girl would reach legal age and would soon transfer to university—would live her own life.

After their phone call, he wallowed in melancholy, thinking about having to let go of her, having to release her into adult life. He thought of the great years they had spent together. So, when later in the evening, his workmates appeared at his door again with some bottles of wine to celebrate his daughter's majority, he agreed to have a drink with them. It did not remain just one drink; it became more and more until he was completely drunk. That drunk, he lost his inhibition to speak; he no longer knew what he was saying. They had to support him to his caravan afterwards, asked him whether he wanted them to put him to bed. He declined. He staggered into his home and came to an unsteady halt in front of the commode he kept his and his girl's belongings in.

There, on the commode, stood a doll's house. Above its door, it read: 'Paula's home.' He opened it with shaking hands. The inside was decorated like a girl's room. In the middle of it, there was the preserving jar where he kept the fetus of his girl. He stood in front of it, apologized to his girl for having drunk too much, told her about the pain he felt, about having to let go of her. With tears in his eyes, he took the jar in both his hands and kissed it, kissed his girl goodbye. Then his legs failed, so did his organs. He collapsed and died on the spot; and with him, his child.

Tsunami

Unter der Brücke

Sie war bei der Arbeit, als es geschah, im Landesinnern; hatte ein Kundengespräch. Jemand stürzte ins Sitzungszimmer und rief, dass die Erde gebebt habe. Die Person sagte in ihrer Aufregung nicht einmal genau wo. Sie spürte instinktiv, es musste die Gegend sein, in der sie zu Hause war. Und da war noch etwas, das sie spürte. Da war dieses Gefühl von Verlassenheit, als wäre sie von nun an ganz allein, allein auf sich gestellt; als wäre die Verbindung zu ihrer Familie abgerissen. Das Gefühl wurde immer stärker in dem Wissen, dass ihre ganze Familie, die gesamte Verwandtschaft, ihr soziales Umfeld in derselben Gegend, im selben Ort, ja in derselben Siedlung von Häusern lebte und arbeitete – nahe dem Meer, welches ihr aller Auskommen sicherte. Als sie dann in den Nachrichten erfuhr, dass das Beben ein Seebeben gewesen war, ein Tsunami, der riesige Wellen auf das Land geworfen hatte, wurde das Gefühl zur Gewissheit: Sie war ganz allein auf dieser Welt.

Als Freiwillige gesucht wurden für die Organisation im Lager, für das Betreuen der Tsunamiopfer, hat sie sich gemeldet. Sie hat sich diese Arbeit nicht ausgesucht; sie war eine Alternative zum Nichtstun im Lager. Sie kann nicht nichts tun. »Es ist nicht ihre Art, nichts zu tun«, hätte ihre Familie gesagt – würde sie sagen, wenn sie noch da wäre. Sie kann nicht zurück zu ihrer Familie. Es ist keine Familie mehr da.

Es sah so aus, als würde sie ihre Arbeit gut machen. Eine Stelle als Sozialarbeiterin wurde frei, für die Betreuung von Obdachlosen. An eine Löwenbändigerin hätten sie gedacht für diese Arbeit. Dass sie ihnen empfohlen worden sei.

Weil sie Zähne zeigen könne, wegen ihres einnehmenden Lachens hätten sie sie genommen, hatte eine Kollegin aus dem Lager neidisch gemeint. Ob ihre Zähne, ihr Lachen irgendjemanden beeindrucken könnten, hat sie sich gefragt. Sie können es nicht, wurde ihr bestätigt, von einem Obdachlosen unter der Brücke – dem mit den guten Schuhen. Sie gibt nicht auf; sie zeigt weiterhin Zähne.

Stille, ab und zu unterbrochen vom Gekreisch einer Möwe, vom Rattern eines Zuges über Schwellen. Schritte: leichtfüssig, über steinigen Untergrund. Unrat überall: Zigarettenkippen, Lebensmittelverpackungen, gebrauchte Zeitungen; leere Flaschen neben halb vollen, in den Händen von gesichtslosen Gestalten, schmutzig, zerzaust, in filzige Decken, speckige Schlafsäcke gehüllt; sitzend, liegend, auf Unterlagen aus Karton. Das Zuhause: rostiges Eisengestänge; verwinkelt, vernetzt, zusammengehalten von riesigen Schrauben und Muttern. Der Ausblick: der Himmel, grau; das Wasser, schwarz. Licht: von Laternen, Kerzen, einem kleinen Feuer. Wärme: naht.

Mit ihrem Knautschgesicht, den hinter wulstigen Lidern verborgenen Augen und dem widerspenstigen zotteligen Haar hätte man sie leicht für einen der von ihr zu Betreuenden halten können. Wäre sie dick eingepackt in Wolldecke oder Schlafsack und mit einer halb leeren Weinflasche in ihren fleischigen Händen an einem der Betonsockel angelehnt, welche die eisernen Brückenpfeiler halten: Es wären keine Zweifel aufgekommen, dass sie zu den Obdachlosen gehört, die den Platz unter der Brücke ihr Heim und den Himmel über ihnen ihr Dach über dem Kopf nennen. Ihr kräftiger, sportlicher Körper, der geschickte Gang, mit welchem sie sich über den steinigen Untergrund bewegt, und vor allem ihr einnehmendes, strahlendes Lachen, bei welchem sie ihre gesunden, weissen Zähne zeigt, geben zu verstehen, dass sie keine von ihnen ist. Und dennoch scheint es, als gehöre sie hierher.

Er sitzt eingeknickt, angelehnt an einen der Betonsockel, eine halb leere Weinflasche in der Hand. Sein Handrücken ist übersät mit einem Ekzem, auch sein Gesicht. Seine Augen sind halb geschlossen, die Pupillen glasig. Er trägt einen verfilzten Vollbart. Sein schmaler Mund ist zusammengepresst, als weigere er sich, die verfaulten Zähne zu zeigen. Langes, strähniges, fettiges Haar fällt auf den Kragen seines schmuddeligen grauen Mantels. Es war einmal ein teures Stück gewesen, verrät das Etikett, das immer noch am Ärmel befestigt ist, wenn auch nur noch an einem dünnen Faden. Das einzig Ordentliche an ihm sind seine Schuhe. Sie glänzen im Licht der Laterne, sind sauber geputzt, poliert sogar.

Kei schaut in das freundliche Gesicht der Frau. Er spürt das Verlangen, es einzuschlagen.

Ayaka sieht in das verhärmte Gesicht des Mannes. Sie spürt das Verlangen, Licht in das Gemüt dahinter zu bringen. Sie geht auf den Mann zu.

»Mach, dass du wegkommst, du hast hier nichts verloren«, sagt Kei. »Und lass das verdammte Grinsen.«

Ayaka bleibt stehen, schliesst den Mund, damit er ihre Zähne nicht mehr sehen kann.

»Und«, sagt Kei, »hast du nicht verstanden?«

»Ich kann nicht weggehen«, sagt Ayaka, »hier ist mein Arbeitsort. Ich bin die neue Gassenarbeiterin. Ich habe den Auftrag, nach Ihnen und Ihren Kollegen zu sehen. Brauchen Sie etwas, Essensbons, Medizin oder einfach nur jemanden, der Ihnen zuhört?«

»Nein, ich brauche nichts«, sagt Kei. »Verschwinde; es gibt auch nichts zu erzählen, ich bin nicht der Märchenonkel. Mach, dass du wegkommst. Die sollen die junge Hübsche von früher wieder herschicken. Da gab es wenigstens etwas Anständiges anzuschauen.«

»Sie ist nicht mehr hier«, sagt Ayaka. »Sie ist in ihr Dorf zurückgegangen, hilft dort beim Aufräumen, beim Wiederaufbau. Hilft ihrer Familie, nach dem Tsunami.«

»Dann geh du doch auch«, sagt Kei. »Hilf deinen Leuten, anstatt hier rumzulabern. Die können dich dort besser gebrauchen als wir hier.«

»Dorthin, wo ich herkomme, kann man nicht mehr zurück«, sagt Ayaka, »da ist nichts mehr; da ist niemand mehr, auch keine Familie. Auf Wiedersehen. Einen schönen Abend noch«, sagt sie und wendet sich einem der anderen Bewohner unter der Brücke zu.

Kei verkriecht sich unter seiner Decke.

Er hatte sich seine Beschäftigung nie ausgesucht. Autohändler ist er geworden, weil sein älterer Bruder jemand Willigen, Billigen brauchte, um die Autos auf Hochglanz zu polieren, die er an den Mann, an die Frau zu bringen versuchte. All das Waschen und Polieren hat nicht geholfen, den Schrott zu verkaufen, also hat sein Bruder sein Heil im Jenseits gesucht, ist von der Brücke gesprungen; hat ihm seine Autos, seine Schulden vermacht. Er hat das Erbe angenommen, ist aber selbst auch nicht hingekommen damit. Er hat Drogen genommen statt von der Brücke zu springen, wäre seinem Bruder auf diese Weise gefolgt. Die Brüder, die Barmherzigen, hatten anderes im Sinn; haben ihn davor bewahrt, haben ihn dem Tod entrissen; ihm den Teufel aus dem Leib getrieben, den lieben Gott hineinbugsiert. Er durfte sich nun Priester nennen; war jetzt willige, billige Arbeitskraft für seine Brüder, arbeitete für Gottes Lohn. Hat deren Weinkeller leer gesoffen, wurde exkommuniziert. Was ihm blieb, nun illusionslos, waren der Kaschmirmantel seines Bruders, seine guten Schuhe – in welchen er vergeblich versucht hatte, die Kundschaft vom Kauf seiner Autos zu überzeugen – und ein Schlafplatz unter der Brücke. Und jetzt glaubt diese Sozialtante, sie könne ihm die Erlösung bringen, indem sie ihm ihre weissen Zähne zeigt.

»Was suchen Sie hier um diese Zeit?«, fragt Kei.

»Gestern Abend war es noch Du«, sagt Ayaka. »Sie dürfen ruhig dabei bleiben. Ich komme aus einer Famlie von Fischern, bin das Frühaufstehen gewohnt. Ich habe mein Frühstück mit zur Arbeit genommen, wie das so üblich ist bei uns. Es reicht auch für zwei.« Ayaka streckt Kei die Tüte mit den noch warmen Brötchen hin. Kei greift zögerlich mit seiner verkrusteten Hand in die Tüte und nimmt sich ein Brötchen, brummelt etwas in seinen Bart. Ayaka schraubt den Becher von der Thermosflasche ab, öffnet den Verschluss. Der Duft von frisch gebrühtem Kaffee erfüllt die Luft. Ayaka füllt den Becher und reicht ihn Kei. Sie schaut ihm dabei ins Gesicht, lächelt, setzt die Thermosflasche an und nimmt einen Schluck. Kei nippt vorsichtig am Becher. Seine Gesichtszüge verändern sich, fast unmerklich. Er dreht den Kopf zu Ayaka.

»Die Bohnen habe ich selbst gemahlen, heute Morgen, und den Kaffee frisch aufgebrüht. Schmeckt gut, nicht?«, sagt sie. »Ich habe Kaffee bis vor Kurzem nicht gekannt, nur Tee. Da, wo ich herkomme, kennt man nichts anderes. Ich mag es, Neues auszuprobieren. Wie ist das bei Ihnen?«

»Das habe ich hinter mir. Hat nichts gebracht. Ich versuche nichts Neues mehr. Das ist endgültig«, sagt er, als Ayaka ihn fragend anschaut.

»Nur der Tod ist endgültig«, sagt Ayaka. Sie sieht dabei nachdenklich auf das Wasser. »Ich sehe Leben«, fährt sie nach einiger Zeit fort, schaut dabei Kei ins Gesicht. »Solange man am Leben ist, gibt es immer wieder einen Neuanfang, etwas Neues auszuprobieren.«

»Dazu braucht es erst eine Chance«, sagt Kei. »Für Leute wie uns, ganz unten, gibt es die nicht.«

»Ich habe eine Chance erhalten«, sagt Ayaka. »Ich war ganz unten. Hab meine Familie verloren, meine Existenz; ich musste aber etwas dafür tun, für die Chance. Ich habe mich aufgerafft, guten Willen gezeigt, Bereitschaft.«

»Ich habe auch guten Willen gezeigt, Bereitschaft«, sagt Kei. »Es hat nichts gebracht – ausser Ausbeutung. Sowieso, um etwas tun zu können, braucht es Unterstützung, jemanden, der einem Gutes will; so etwas gibt es nicht, nicht für Leute wie uns.«

Ayaka schaut ihn an, zeigt ihm ihr Lachen, ihre weissen Zähne. Sie sagt: »Die gibt es schon, man muss sie nur annehmen können.« Sie steht auf und geht, sagt: »Bis morgen.«

Ayaka nimmt Kei den Becher ab. Sie schaut dabei auf seinen Handrücken, das Ekzem; sagt: »Ich habe Ihnen etwas mitgebracht.« Sie langt in ihre Umhängetasche, nimmt ein Töpfchen heraus und schraubt den Deckel ab, stellt es auf den Boden. Sie nimmt Keis Hand in die ihre und greift mit der anderen in das Töpfchen, sagt, während sie die Salbe auf seinem Handrücken verstreicht: »Ich darf das zwar nicht, dafür haben wir ausgebildete Sanitäter, aber die Hälfte von ihnen fehlt zurzeit, ist immer noch im Einsatz im Katastrophengebiet, hilft den Menschen dort. Ich kenne die Salbe und weiss, wie sie anzuwenden ist, habe sie dem Grossvater jeweils aufgetragen. Da, wo ich herkomme, macht die Familie so etwas selbst. Ich habe keine Familie, niemanden mehr, dem ich beistehen kann, also müssen Sie jetzt halt herhalten.« Ayaka will ihm die Salbe auch im Gesicht auftragen. Kei weicht zurück.

»Das kann ich selbst«, sagt er.

»Dazu braucht es die Hand einer Frau«, insistiert Ayaka, »das funktioniert sonst nicht. Zudem sollten Sie Ihre Hände ruhig halten.« Sie verteilt die Salbe vorsichtig auf seinem Gesicht. »Sie waren sicher einmal ein attraktiver junger Mann«, sagt sie. Und nach einer Weile: »Es wäre besser, der Bart wäre ab, damit wir überall hinkommen. Überlegen Sie es sich, ich werde morgen eine Schere mitbringen.«

In den darauffolgenden Tagen trägt Ayaka Kei täglich frühmorgens die Salbe auf und schneidet die Bartstoppeln nach. Eines Tages hat sie einen Spiegel dabei und reicht ihn ihm. Kei nimmt ihn entgegen, legt ihn in seinen Schoss. »Ich werde Sie nun allein lassen«, sagt Ayaka, »von morgen an werde ich wieder am Abend vorbeikommen, sodass ich mich auch um die Langschläfer hier kümmern kann.«

Liebe Ayaka

Ich habe mir das Wesen, das seinen Weg in mein Herz findet, wenn überhaupt, ganz anders vorgestellt. So … Ich weiss nicht … so ganz anders halt, mit offenen Augen zumindest. Ich kann Ihre Augen nicht sehen, nur erahnen, schmal und verborgen hinter den Lidern. Was ich sehen kann jedoch, ist Ihr Lachen, und das lässt mich nicht mehr los.

Es ist immer da, wenn wir uns begegnen, und bleibt, wenn Sie gegangen sind, bleibt in meinem Herzen, lässt ihm keine Ruhe – lässt mir keine Ruhe; beschäftigt mich, Tag und Nacht, unentwegt. Es lässt mich an nichts anderes denken als daran, ob sich vielleicht die Besitzerin zu ihrem Lächeln in meinem Herzen gesellt.

Ich weiss nicht … weiss nicht anders zu fragen … wollen Sie vielleicht – wollen Sie mich von meinen Qualen erlösen?

Kei – von unter der Brücke

Lieber Kei

Das ist aber eine Überraschung. So ein lieber Brief von Ihnen. Das hätte ich nicht erwartet. Er hat meinem Lachen noch ein Strahlen aufgesetzt.

Ich werde ab und zu auf mein Lachen angesprochen, bekomme Komplimente dafür, auch von Ihren Kollegen unter der Brücke. Doch noch nie hat mir jemand einen Brief geschrieben deswegen; erst recht nicht einen so schönen.

Ich kann nichts dafür, für mein Lachen. Es wurde mir mit auf meinen Lebensweg gegeben, zusammen mit einem entsprechenden Gemüt. Ein grosses Herz dazu.

Es hat mir durch schwere Zeiten geholfen, mich vor dem Schlimmsten bewahrt.

Mein grosses Herz dankt dafür. Es ist weit offen seither, hat Platz darin für viele. Auch für Sie. Jetzt erst recht, wo Sie Ihres geöffnet haben.

Lassen Sie es weit offen, so wie ich meines, und es wird bestimmt jemand den Weg hineinfinden. Jemand, dessen Herz dann nur Ihnen gehört.

Alles Liebe
Ayaka

Kei hält den Brief, den er zu einem Kranich gefaltet hat, in den Wind, lässt ihn ziehen; vergräbt sich unter seiner Decke. Wenn er nach Tagen wieder hervorkommt, ist der Bart nachgewachsen. Er setzt sich auf, schaut in die Ferne, sieht die Sonne am Horizont aufgehen; nimmt Schere und Spiegel und trimmt den Bart.

Die Besuche von Ayaka werden seltener, noch seltener werden ihre Gespräche. Was bleibt, ist ihr Lachen, das Strahlen ihrer weissen Zähne, wenn auch oft nur aus der Distanz – ein Winken.

Regen hat eingesetzt. Ein starker böiger Wind weht; trägt den Niederschlag unter die Brücke. Feuchtigkeit dringt unter Decken, in Schlafsäcke, kriecht in die Knochen der Bewohner. Sie rücken näher zueinander, verkriechen sich unter Planen, welche einige von ihnen besitzen.

»Willst du nicht unter die Plane kommen?«, fragt Kei einen Mitbewohner. »Du holst dir sonst noch den Tod.«

»Was solls, kann auch nicht schlechter sein als das hier.«

»Komm jetzt«, sagt Kei, »oder brauchst du eine schriftliche Einladung?«

»Lass ihn doch«, meint ein anderer, »wo er doch recht hat.«

Kei steht auf. Seine Beine wollen versagen. Er nimmt Plane, Decken und Karton und geht zu seinem Mitbewohner hinüber. Er legt sich neben ihn, deckt sie beide mit der Plane zu.

»Was ist in dich gefahren, magst du ihm den Tod nicht gönnen?«, ruft jemand unter zustimmendem Gemurmel.

»Lasst uns schlafen«, sagt Kei, »wir haben alle zu viel getrunken.«

»Das aus deinem Mund!«, ruft jemand anderes. »Hätte nie gedacht, dass ein Maul voller weisser Zähne einem gestandenen Mann so den Kopf verdrehen kann.«

»Einem gestandenen Mann vielleicht nicht«, sagt Kei, »einem gefallenen schon.«

»Da braucht es bei mir aber mehr als ein einnehmendes Lachen«, kommt es zurück.

»Du hast ihre Hände nicht gespürt«, sagt Kei, »die heilende Kraft ihrer Hände«, leise. »Schlaft jetzt.«

Bluten

»Warum? Sie hat niemandem etwas getan!«, steht in grossen Buchstaben auf der Frontseite der Zeitung, welche die Passagierin gegenüber der alten Dame in den Händen hält. Das kleine Mädchen neben der Zeitungsleserin schaut unverhohlen neugierig die alte Frau an.

Das Mädchen greift an seine Nase, reibt daran. Die Nase fängt an zu bluten. Das Mädchen gleitet mit der Zunge über seine Oberlippe, leckt das Blut ab, als wäre es Rotz – dabei lacht es die alte Frau an. Panik erfasst die alte Frau. Sie schiesst von ihrem Sitz auf, hastet zum Ausstieg und verlässt den Zug überstürzt an der nächsten Haltestelle. Sie lässt sich dort auf eine Bank fallen, sinkt in sich zusammen.

Eine Passagierin greift zum Mobiltelefon, wählt die Nummer 117.

Die junge Polizistin setzt sich neben die alte Frau auf die Bank. »Fehlt Ihnen etwas?«, fragt sie. »Brauchen Sie Hilfe, einen Arzt vielleicht?«

Die alte Frau schüttelt den Kopf.

»Wo sind Sie zu Hause?«, fragt die Polizistin.

»Im Altersheim Grünau.«

»Da waren wir erst gerade«, sagt die Polizistin. »Traurig, nicht? Haben Sie sie gekannt?«, fragt sie.

»Wir sind in die gleiche Klasse gegangen. Vor fünfzig Jahren. Hatten uns jedoch seither aus den Augen verloren.«

»Wie lange wohnen Sie schon in der Grünau?«, möchte die junge Polizistin wissen.

»Seit ein paar Tagen.«

»Soll ich Sie nach Hause begleiten?«

Die alte Frau schüttelt den Kopf.

»Sie können hier nicht einfach so sitzen bleiben. Wir werden sonst noch mehr Anrufe bekommen, von Leuten, die sich um Sie Sorgen machen«, sagt die Polizistin. »Ich kann Sie auch schlecht mit auf den Posten nehmen. Sie haben nichts Unrechtes getan.«

»Ich war es. Ich habe sie getötet.«

»Sie?«, fragt die Polizistin erstaunt. »Sie haben sich seit fünfzig Jahren nicht mehr gesehen, wie Sie gerade sagten. Sie müssen damals noch Kinder gewesen sein. Teenager.«

»Du kneifst diesmal nicht«, sagt die Lehrerin zu Albert. »Einige deiner Mitschüler, die ans Gymnasium gehen, wirst du aus den Augen verlieren. Du kommst zur Schulabschlussfeier«, sagt sie, in einem Ton, als wäre es ein Befehl.

Albert nickt.

»Danke, Albert«, sagt die Lehrerin.

»Ziehst du den kurzen knappen Rock an und die Bluse, durch die man deinen BH sehen kann?«, fragt Hedi ihre Banknachbarin Carla.

Carla sagt nichts, greift sich zwischen die Beine.

»Jene, die du auf Sonias Geburtstagsparty getragen hast. Oder erlauben es deine Eltern nicht mehr?«

»Die wissen nichts davon«, sagt Carla.

»Das hat schräg ausgesehen, als du ankamst in deinem altmodischen Mantel und was dann darunter zum Vorschein kam, als du ihn ablegtest. Alle Buben waren verrückt nach dir. Jeder wollte dich nach Hause bringen. Kein Wunder, dass Sonias große Schwester Angst um dich hatte. So wie du die Buben giggerig gemacht hast.«

Carla reibt sich zwischen den Schenkeln, fängt an, schwer zu atmen.

»Das hätte ich dir damals nie zugetraut; tue es heute noch nicht. Wir gehen zusammen hin, oder? Diesmal werde ich dich beschützen.«

»Weshalb tanzt du nicht?«, fragt Hedi. »Wieso ziehst du das Jäckchen nicht aus? Es ist ziemlich heiss hier drin.«

»Mir ist nicht danach«, sagt Carla. »Mir ist komisch.«

»Das werden die Buben aber bedauern. Die hätten gern einen Blick auf deinen BH und dein Höschen geworfen, während du tanzt.«

Die Lehrerin hat Albert zum Tanzen geholt. Er ist die ganze Zeit nur herumgestanden. Sie hat es jedoch schnell wieder aufgegeben, als sie sah, wie ungeschickt er sich anstellte. Und wie ihm nicht wohl war dabei. Er hat sich dann zurückgezogen, hat sich an eine Wand gelehnt und getan, als gehöre er nicht dazu.

»Willst du nicht doch mittanzen?«, fragt Hedi Carla. »Du kannst ja mit mir tanzen. Wir machen etwas Langsames.«

»Ich mag nicht«, sagt Carla. »Ich möchte nach Hause. Mir ist nicht wohl.«

Ein Junge kommt, zieht Hedi weg von Carla, auf die Tanzfläche. Hedi ziert sich. »Ich glaub, ich bringe Carla besser nach Hause«, sagt sie zu dem Jungen, »ihr ist nicht wohl.«

»Die ist dir also wichtiger als ich«, sagt der Junge. »Sowieso, das kann Albert machen. Der steht hier nur herum. Der ist froh, wenn er gehen kann.«

»Albert kann dich nach Hause bringen«, sagt Hedi, »es ist ihm recht.«

»Ich finde meinen Weg selbst nach Hause«, sagt Carla enttäuscht.

»Ich wäre sowieso gleich gegangen«, sagt Albert, kaum hörbar. »Es liegt auf meinem Weg.«

»Nein«, sagt Carla, »ich finde meinen Weg selbst.«

»Albert wird dich nach Hause begleiten«, sagt die Lehrerin, die zu der Gruppe gestossen ist und das Geschehen mitbekommen hat. »Das ist besser so«, meint sie. »Ich vertraue auf dich, dass du Carla sicher nach Hause bringst«, richtet sie sich an Albert.

»Du blutest«, sagt Albert. »Da läuft Blut dein Bein hinunter.«

Carla wird es ganz anders. Es ist einfach so gekommen, ohne ihr Zutun, ohne dass sie etwas dagegen hätte tun, es hätte zurückhalten können. Sie ist heftig erschrocken dabei, es nicht selbst bestimmen zu können, nicht Herrin über ihren Körper zu sein. »Du sagst niemandem etwas, du behältst das für dich«, sagt Carla bestimmt.

Albert nickt, fast unmerklich.

»Schwör«, sagt Carla. Ihre Stimme überschlägt sich.

Albert steht da, reagiert nicht.

»Du sagst niemandem etwas«, sagt Carla, »sonst –« Sie hat Schwierigkeiten, sich zu kontrollieren. »Ich finde meinen Weg von hier selbst nach Hause«, meint sie dann.

»Die Lehrerin erwartet, dass ich dich nach Hause begleite«, sagt Albert.

Carla nimmt eine Leggins aus ihrer Umhängetasche und zieht sie sich hastig an.

»Du bist ganz blutig hinten«, sagt Albert.

»Was schaust du hin«, sagt Carla verzweifelt. »Du sagst niemandem etwas!« Sie hat Tränen in den Augen.

Albert nickt.

»Du sagst nichts, sonst –«, sagt Carla.

»Was machst du nächste Woche?«, fragt sie nach einer Weile, ihre Stimme noch immer zittrig. »Können wir uns sehen?«

»Ich werde ausschlafen und Mathe üben. Damit ich es vielleicht nächstes Jahr ans Gymnasium schaffe.«

»Ich helfe dir dabei. Wir können uns in der Bibliothek treffen, wenn du willst«, sagt Carla.

»Stimmt etwas nicht mit deiner Frau?«, fragt die Nachbarin. »Ich musste heute die Kleine verarzten. Sie hat stark geblutet. Carla blieb die ganze Zeit über, während ich die Wunde versorgte, verschwunden. Es ist nicht das erste Mal.«

Albert zuckt mit den Schultern.

»Du solltest dich etwas mehr um deine Frau kümmern«, sagt die Nachbarin. »Es fällt langsam auf.«

»Wohin gehst du?«, fragt Esther.

»Wohin gehst du?«, plappert Karl nach.

»Das wisst ihr doch. Eine Freundin besuchen.«

»Weshalb bleibst du immer so lange weg?«, fragt Karl.

»Weil … Sie wohnt in einer anderen Stadt, weit weg von hier. Ich muss die Bahn nehmen, um zu ihr zu gelangen.«

»Wieso kommt sie nicht mal zu uns?«, fragt Esther.

»Das frage ich sie auch jedes Mal«, sagt Carla. »Sie hat immer eine Ausrede.«

»Weshalb nimmst du uns nicht mit zu ihr?«, meint Esther.

»Das wäre viel zu langweilig für euch. Ihr möchtet euch sicher nicht einen ganzen Nachmittag lang Frauengespräche anhören.«

»Nimmst du mich mit, wenn ich gross bin, wenn ich selber eine Frau bin?«, fragt Esther.

»Wer weiss? Vielleicht hast du dann aber ganz andere Interessen.«

»Darf ich auch mit, wenn ich gross bin?«, fragt Karl.

»Wenn du dann noch willst«, sagt Carla.

»Ich bin aber keine Frau«, sagt Karl.

»Vielleicht ist sie ja dann verheiratet und hat einen Mann«, sagt Esther.

»Genau«, sagt Carla. »Dann könnt ihr Männer euch zusammensetzen und über uns Frauen schimpfen und wir Frauen über euch Männer.«

»Schimpfst du denn auch über Papa, wenn du mit ihr zusammen bist?«, will Karl wissen.

»Der macht ja nie etwas«, sagt Esther. »Dann macht er auch nichts, worüber man schimpfen kann.«

»Genau«, sagt Carla. »Auf Wiedersehen, ihr Lieben. Und folgt dem Papa schön.«

»Das müssen wir nicht«, sagt Esther. »Der sagt sowieso nie etwas.«

»Trotzdem«, sagt Carla. Sie küsst Esther und Karl auf die Stirn und geht.

Sie zieht ihren altmodischen Mantel aus, dann ihre durchsichtige Bluse und den kurzen, knappen Rock, langt sich zwischen die Beine, reibt und fängt an, schwer zu atmen. Dann stoppt sie. »Was ist mit dir los heute, willst du dich nicht ausziehen?«, fragt Carla den jungen Mann, der mit ernster Miene auf der Bettkante sitzt.

»Können wir reden?«, fragt der junge Mann.

»Das ist nicht Teil unserer Abmachung«, sagt Carla. »Das sieht unser Geschäft nicht vor.«

»Ich habe mich in dich verliebt«, sagt der junge Mann.

»Das sieht unser Geschäft noch viel weniger vor«, sagt Carla. »Ich bezahle dich, um mein Verlangen zu befriedigen. Das ist alles.«

»Ich habe aber mehr zu geben, etwas, das nicht käuflich ist. Zuneigung, Zärtlichkeit. Liebe.«

»Dafür brauche ich dich nicht, dafür komme ich nicht hierher. Ich habe einen Mann; verschwende sein Geld mit dir. Ich bereue es nicht. Es ist mir egal. Ich habe zwei Kinder, die mich gern haben – die mich brauchen. Von dir brauche ich nur, was ich umsonst nicht bekommen kann.« Carla zieht sich an und geht.

Sie läuft durch die Stadt; sie ist wütend. Sie schaut sich die Schaufenster an, um sich abzulenken. Es ist das erste Mal, dass sie nicht bekommen hat, was sie braucht. Sie ist wütend auf den jungen Mann, der es verdorben hat, wütend auf sich selbst, weil sie Persönliches preisgab. In einem Park setzt sie sich auf eine Bank, versucht sich zu beruhigen. Sie greift sich zwischen die Beine, fängt an zu reiben. Sie hört auch nicht auf, als eine alte Frau mit ihrem Hündchen den Weg entlangkommt. Die alte Frau bleibt vor der Bank stehen, schaut ihr zu; zieht den Hund zurück, der an Carla zu schnuppern beginnt. Carla schaut der alten Frau in die Augen, intensiviert dabei ihr Treiben, fängt heftig an zu atmen. Die alte Frau schüttelt den Kopf und geht, zieht das widerstrebend mitkommende Hündchen hinter sich her. In der Ferne ist Sirenengeheul von der Ambulanz und der Polizei zu hören.

Auf dem Weg zum Bahnhof hört Carla, dass sich im Kreis vier ein Mann aus dem Fenster gestürzt, sich dabei den Schädel zertrümmert hat.

»Ist etwas vorgefallen in der Stadt? Du bist heute so ruhig, weisst sonst immer so viel zu berichten hinterher«, sagt Albert vor dem Fernseher sitzend.

Carla schweigt. Sie steht in der offenen Küche, trocknet eine Glasplatte ab und starrt, über die Schulter von Albert, auf den Bildschirm; in ihrem Kopf das Bild eines zertrümmerten Schädels. Im Fernsehen wird über den Film Carrie diskutiert, der gerade im Kino läuft. Es wird, wenn auch verschwommen, die Szene gezeigt, in der Carrie unter der Dusche, im Beisein ihrer Schulkameradinnen, ihre erste Monatsblutung hat.

Albert schaltet den Fernseher ab, sagt: »So etwas gehört nicht in die Öffentlichkeit, darüber redet man nicht.« Carla gleitet die Glasplatte aus den Händen. Sie fällt auf den Boden und zerbricht mit einem lauten Knall.

»Ihre schulischen Leistungen sind sehr gut. Ihre beruflichen Qualifikationen hervorragend«, sagt der Personalchef über ihre Akte gebeugt. »Sie waren verheiratet, haben zwei Kinder«, liest er. »Wer schaut nach den Kindern, wenn Sie arbeiten gehen?«

»Das Sorgerecht ist beim Vater«, sagt Carla leise.

»Sie müssen sehr jung gewesen sein, als Sie geheiratet haben, wenn ich mir Ihren Jahrgang anschaue«, meint er. Er blickt auf, sieht sie fragend an.

Carla erwidert nichts.

»Sie waren einige Jahre weg vom Beruf«, sagt der Personalchef. »Haben Sie sich während der Zeit weitergebildet?«, fragt er. »Es steht nichts in Ihrer Bewerbung.«

»Nein«, sagt Carla.

»Da gibt es einen Eintrag im Strafregister, wegen unterlassener Hilfeleistung bei einem Verkehrsunfall. Das Opfer ist verblutet. Gibt es eine Erklärung dafür?«, fragt der Personalchef.

»Nein«, sagt Carla brüsk.

»Ich kann Ihnen keine grosse Hoffnung auf den Job machen«, sagt der Personalchef. »Für diese Aufgabe ist ein guter Leumund sehr wichtig, müssen Sie wissen. Sie bekommen auf jeden Fall Bescheid von uns. Auf Wiedersehen.«

»Carla, Liebes, bist du frei? Da war ein Anruf. Lümmelchen möchte dich sehen.«

»Gut. Wo will er es jetzt haben?«

»Auf dem Dach. Dann seid ihr immerhin draußen an der frischen Luft. Wenn die Leute wüssten, wie übel

Männer in Anzug, weißem Hemd und Krawatte riechen, wenn sie ihre Sachen ablegen.«

»Und wie der kühle, aufrechte Geschäftsmann zum geifernden, winselnden Wicht wird, entblösst, nur in schmutziger Unterhose«, meint Carla nachdenklich.

»Ach komm, tu nicht so, sag nicht, dass es dir nicht auch gefällt. Keine wird so oft verlangt wie du, wenn es ums Perverse geht. Und die Begründung ist immer, dass die Kundschaft glaubt, dass du so authentisch rüberkommst, so ungekünstelt.«

»Du hier! Ich dachte, du seist gut verheiratet, wohnst in einer Prachtvilla an der Goldküste. Hat er es herausgefunden?«

»Ich habe es ihm gesagt, bevor ich bei ihm eingezogen bin – dass ich schuldig geschieden bin und meinen Lebensunterhalt als Prostituierte verdiene.«

»Und da hat er dich fallenlassen?«

»Er hat mir seine Liebe bestätigt, bekräftigt, dass er mich will – gesagt, dass ihn meine Vergangenheit nicht interessiere.«

»Und trotzdem ist es dann auseinandergegangen?«

»Er hat mich seiner Familie vorgestellt. Jemand aus der Familie hat herausgefunden, dass ich einen Eintrag im Strafregister habe.«

»Du! Einen Eintrag im Strafregister? Weswegen? Hurerei ist nicht strafbar.«

Carla schweigt.

»Und da wollte er dich dann doch nicht mehr? Wollte

er nicht mit einer Delinquentin verheiratet sein, einer Kriminellen?«

»Er hat zu mir gestanden. Es war seine Familie. Das Opfer damals gehörte zur erweiterten Familie.«

»Und das konnte die Familie schlicht nicht akzeptieren, nicht in diesen Kreisen. Der gute Ruf hat es nicht erlaubt. Verheerend, für dich und für ihn. Und du konntest nicht mehr zurück? Immerhin, du warst das beste Pferd im Stall.«

»Vielleicht. Ich habe mich anders entschieden.«

»Und was hast du gemacht seither, wo warst du die ganze Zeit? Du bist einfach von der Bildfläche verschwunden, warst weg. Wir dachten, du führst nun das Leben einer Lady, willst mit Leuten wie uns nichts mehr zu tun haben. Obwohl – wir konnten es uns schwer vorstellen.«

»Ich bin weggegangen, brauchte Abstand, eine neue Umgebung, neue Gesichter; habe anderswo angeschafft, anspruchslosere Kundschaft bedient.«

»Das heisst, wir sind jetzt Kolleginnen. Willkommen auf der Strasse. Und was bringt dich zurück? Was bringt dich gerade hierher?«

»Ich habe das Leben in der Provinz nicht mehr ertragen. Ich bin das Stadtleben gewohnt. Und schau mich an; schau, was aus mir geworden ist.«

»Ach Liebes, lass dich in den Arm nehmen.«

Istanbul, Café Europa

Istanbul, 16.04.2017, Café Europa. Es ist ruhig auf den Strassen heute. Die Leute sitzen zu Hause vor dem Fernseher oder in ihren Stammlokalen und verfolgen die Abstimmung. So auch der Gast am runden Tischchen am Fenster in der Ecke, zusammen mit einem Freund, mit dem er sich jeweils samstags im Café Europa zum Teetrinken trifft. Der Kellner kommt kaum mit dem Servieren nach, der Wirt hinter der Theke kaum mit der Zubereitung der Getränke. Die Gäste sitzen da, schauen alle angespannt in die gleiche Richtung, recken ihre Hälse. Der grosse Fernseher über ihren Köpfen, auf einem Schrank, ist an.

Orientalische Musik. Eine grosse Menschenmenge vor dem Präsidentenpalast. Ein Laufband kündigt das Resultat der Abstimmung an.

Der Präsident erscheint. Er ergreift das Mikrofon, verkündet lauthals den Sieg bei den Wahlen für die Einführung des Präsidialsystems. Er sagt: »Das Volk hat eine historische Entscheidung getroffen«; behauptet: »Dieses Land hat eine demokratischere Abstimmung gehalten, als sie jemals in irgendeinem anderen Land des Westens vorgenommen wurde«; droht, seine

Stimme überschlägt sich, im gleichen Atemzug: »Ich werde jetzt die Todesstrafe einführen. Und wenn das Parlament dagegen stimmt, werde ich das Volk fragen.«

Der Kellner nimmt zwei Gläser Pfefferminztee vom ziselierten silbernen Tablett und stellt sie auf das runde Tischchen am Fenster in der Ecke. Er sagt: »Das war's, das ist das Ende.«

»Na, na, junger Mann«, meint der Gast am Tischchen, »mal den Teufel nicht an die Wand. Wir haben Regierungen kommen und gehen sehen. Wir sind immer noch da, wie du siehst, und uns geht es gut.« Er tätschelt dabei die Hand seines stummen Gegenübers. Dieser schaut ihn teilnahmslos an.

Der Wirt spricht leise, aber eindringlich mit dem Kellner, wenn dieser zur Theke zurückkommt, um weitere Bestellungen aufzugeben.

Istanbul, Café Europa, in naher Zukunft. Der Fernseher ist an. Orientalische Musik. Eine grosse Menschenmasse. Der Präsident erscheint. Neben ihm seine Frau, mit Kopftuch, ihr Gesicht verschleiert. Er ergreift das Mikrofon, verkündet laut: »Es ist die Pflicht einer jeden Staatsbürgerin, ein Kopftuch zu tragen und ihr Gesicht zu verhüllen. Dies gilt auch für im Ausland lebende Staatsbürgerinnen. Wir würden es ausserdem begrüssen«, sagt er, »wenn Bürgerinnen ausländischer Staaten, die als Gäste in unserem Land weilen, sich unseren Sitten anpassen würden. Ihr habt es euch selbst zuzuschreiben, wenn ihr hier nicht mehr willkommen seid«, mahnt er.

»Nun kann ich meine Frau wieder in der Öffentlichkeit zeigen«, sagt der Gast am runden Tischchen am Fenster in der Ecke und tätschelt die Hand seines stummen Gegenübers.

Istanbul, Café Europa, in naher Zukunft. Der Fernseher ist an. Orientalische Musik. Eine grosse Menschenmasse. Der Präsident ergreift das Mikrofon, verkündet laut: »Ein jeder im Ausland lebende Staatsangehörige und eine jede im Ausland lebende Staatsangehörige sind verpflichtet, eine Erklärung zu unterschreiben, in der sie bekunden, dass sie sich vorbehaltlos zu unserem Staat und zu seiner Autorität bekennen; seine Ideale vertreten, ihrem Heimatland auch im Ausland dienen und im Falle einer Bedrohung für es kämpfen werden – wenn es sein muss, auch ihr Leben hergeben dafür. Eine Ablehnung der Erklärung hätte zur Folge«, droht er, »dass diesen Individuen die Staatsbürgerschaft entzogen wird und sie fortan als Staatsfeinde betrachtet und verfolgt werden. Und wir werden euch kriegen!«, überschlägt sich seine Stimme, schreit er ins Mikrofon.

»Wo ist eigentlich der junge Mann geblieben, der uns immer so freundlich und zuvorkommend bedient hat?«, fragt der Gast am runden Tischchen am Fenster in der Ecke den Wirt. »Jener, der glaubte, das wäre das Ende«, sagt er, als er vom Wirt keine Antwort erhält.

»Für ihn war es das Ende«, sagt der Wirt. »Er ist Kurde.«

»Und wo befindet er sich jetzt?«, fragt der Gast.

Der Wirt zuckt mit den Schultern, macht ein besorgtes Gesicht, sagt, verhalten: »Ich hoffe, es geht ihm gut.«

»Weiss der Teufel im Palast«, wirft ein Gast ein.

»Nicht so laut«, sagt der Wirt mit gedämpfter Stimme. »Am Ende verliere ich, nebst dem Personal, auch noch meine Gäste.«

»Wir bleiben dir erhalten«, meint der Gast am runden Tischchen am Fenster in der Ecke und tätschelt seinem stummen Gegenüber die Hand.

»Danke«, sagt der Wirt, »von zwei Gläsern Pfefferminztee samstags kann ich aber nicht leben.«

Istanbul, Café Europa, in naher Zukunft. Der Fernseher ist an. Orientalische Musik. Eine grosse Menschenmasse. Der Präsident ergreift das Mikrofon. Er gibt, mit Genugtuung in seiner Stimme, bekannt, dass das Volk mit grosser Mehrheit seine Vorlage für die Einführung der Todesstrafe angenommen hat. (Das Parlament hatte die Vorlage zuvor abgelehnt. Sogar einige dem Präsidenten sonst loyal gesinnte Abgeordnete hatten überraschend mit Nein gestimmt. Der Präsident hatte sie nicht einmal gerügt dafür.)

»Viel Arbeit für den Scharfrichter und die Beamten im Justizpalast«, meint ein Gast. »Vorbei mit der Gemütlichkeit in Amtsstuben«, sagt er. »Und dann noch dauernd diese Abstimmungen, diese Volksentscheide, und die viele Arbeit, die damit verbunden ist. Ich wünschte mir die Zeit zurück, wo noch das Parlament für uns entschieden hat, die Schuld auf sich nahm.«

»Kommt auf dasselbe hinaus«, meint ein anderer Gast. »Wurde dem Parlament als auch dem Volk von derselben Stelle eingehämmert.«

»Ja, ja«, meint ein weiterer Gast, »es ist nicht mehr, wie es einmal war.«

Der Wirt hält den Zeigefinger auf seinen Mund, sagt: »Pst«, möchte die aufkommende Diskussion beenden.

»Es hat auch seine guten Seiten«, meint der Gast am runden Tischchen am Fenster in der Ecke und tätschelt die Hand seines stummen Gegenübers. »Es wurde zwar für einige Zeit recht stressig im Büro, als etliche meiner Arbeitskollegen plötzlich, über Nacht, verschwanden. Ich musste fortan auch berufsfremde Arbeiten ausführen. So auch Wahlzettel von im Ausland lebenden Landsleuten registrieren. War dann aber alles nur halb so schlimm. Ich habe einen neuen Vorgesetzten bekommen. Einen guten. Musste von da an nur noch das Nötigste machen; nur die Neinsager registrieren, durfte deren Stimmzettel hinterher auch gleich dem Schredder übergeben. Ich wurde sogar zum Bürovorsteher befördert. Habe zwar keine Untergebenen – hab dafür auch keine Probleme mit ihnen – und der Lohn ist auch derselbe geblieben. Ich werde es aber in Kürze, bei meiner Pension, merken.«

Istanbul, Café Amerika, in naher Zukunft. Der Fernseher ist an. Orientalische Musik. Eine grosse Menschenmasse. Der Präsident ergreift das Mikrofon. Er wettert gegen die Europäische Union, kritisiert ihren Entscheid, nach dem Volksentscheid für die Todesstrafe die Aufnahmegespräche mit der Türkei endgültig abzubrechen. »Wir werden nach Europa kommen«, überschlägt sich seine Stimme, schreit er ins Mikrofon, »das verspreche ich euch!« Sein zuvor hochrotes Gesicht erhellt sich etwas, wenn er die Masse darüber informiert, dass er einen Vertrag mit dem amerikanischen Präsidenten unterzeichnet hat. Die beiden grossen Nationen würden zusammenspannen – gemeinsam gegen den IS ins Feld ziehen, um ihn endgültig zu vernichten.

»Wir wären fast vorbeigelaufen heute, hätten dich fast nicht gefunden«, sagt der Gast am runden Tischchen am Fenster in der Ecke zum Wirt und tätschelt die Hand seines stummen Gegenübers. »Weshalb die Namensänderung, weshalb nun das Sternenbanner statt des Sternenkreises auf dem Schild?«, fragt er.

»Befehl von oben«, antwortet der Wirt knapp und verschwindet hinter der Theke.

Istanbul, Café Amerika, in naher Zukunft. Der Fernseher ist an. Orientalische Musik. Eine grosse Menschenmasse. Der Präsident ergreift das Mikrofon, verkündet lautstark den Sieg über die Terroristen, den IS; den Tod der meisten ihrer Anführer. Er sei es gewesen, seine Nation, die massgeblich dazu beigetragen habe, die Terroristen zu vernichten; dass es den IS nun nicht mehr gebe, dass es jetzt vorbei sei mit der Angst und dem Schrecken. Er bietet allen übrig gebliebenen Kämpfern, wo immer sie sich auch befänden, freies Geleit an, Aufnahme in eine Nachfolgeorganisation, in seinen Schoss. Er zeigt Verständnis für die Irrgeleiteten, wie er sie nennt. »Es gibt eine Aufgabe für euch, in unserer Mitte, in unserem Reich; ein Weiterleben«, sagt er. »Wenn ihr wollt!«, überschlägt sich seine Stimme, schreit er ins Mikrofon, als wollte er ihm den Kopf abbeissen. Er fordert die Amerikaner auf, nun den Anführer des Putsches vom Juli 2016 auszuliefern. »Das ist nicht mehr als recht nachdem, was ich und mein Land zur Vernichtung der Terroristen beigetragen haben.«

»Stimmt«, sagt der Gast am runden Tischchen am Fenster in der Ecke und tätschelt die Hand seines stummen Gegenübers. »Die Informationen über die Aufenthaltsorte der Anführer wie auch die Standorte der Waffenlager stammen von uns. Ich habe es mit eigenen Augen gelesen, bevor ich die Akten im Auftrag meines Vorgesetzten dem Schredder übergeben habe.«

»Scheint zurzeit deine bevorzugte Arbeit zu sein«, sagt der Wirt; erschreckt ob seiner eigenen Worte.

»Kein Wunder«, sagt ein Gast, »die Regierung hat ja schliesslich zuvor mit den Terroristen zusammengearbeitet; gute Geschäfte gemacht, gewusst, wo sie die Informationen wie auch die Waffen abliefern sollen.«

»Ich muss Sie bitten, das Lokal zu verlassen«, sagt der Wirt zum Gast.

»Entschuldigung«, sagt der Gast kleinlaut, »kann ich bezahlen?«

Der Wirt schüttelt den Kopf, geleitet ihn zur Türe. »Ich habe mich zu entschuldigen«, sagt er leise.

Istanbul, Café Amerika, in naher Zukunft. Der Fernseher ist an. Orientalische Musik. Eine grosse Menschenmasse. Der Präsident ergreift das Mikrofon; erklärt sich zum neuen, einzig legitimen und wahren Führer des Islams, des neuen Islamischen Staates, aller Islamisten. »Wenn ihr wollt!«, überschlägt sich seine Stimme, schreit er ins Mikrofon – hebt er den Drohfinger. Er kündigt eine Vorlage zur Einführung der Scharia an. Er verlangt erneut von den Amerikanern, den Anführer des Putsches gegen ihn und sein Land auszuliefern. Er kritisiert den Entscheid der Amerikaner scharf, den Anführer der Putschisten, anstatt ihn der Nation auszuliefern, in Guantánamo zu internieren und ihn an den Internationalen Gerichtshof zu überstellen, falls dieser bereit wäre, ihn zu übernehmen.

Die Gäste des Cafés werden von lautem Motorenlärm vom Geschehen am Fernseher abgelenkt. Sie drehen ihre Köpfe, schauen Richtung Eingang. Vor der Türe des Lokals kommt dröhnend ein schwarzer Sattelschlepper mit einem Schriftzug in arabischen Lettern zum Halten, verdunkelt das Café. Vorne und hinten werden Treppen ausgeklappt. Die Türe zum Café wird aufgestossen. Vermummte, schwarz gekleidete Gestalten stürmen das Lokal. Sie fordern die Gäste auf, ihre Identitätsausweise bereitzuhalten. Einer nach dem anderen wird überprüft, es werden Gäste aus dem Lokal geführt, verschwinden durch die Vordertüre des Sattelschleppers, im Innern des Ungetüms; bleiben für kürzere oder längere Zeit darin und verlassen es dann durch den Hinterausgang. Die meisten mit gesenktem Haupt; laufen gleich weiter, kommen nicht mehr zurück in das Café, um ihre Rechnung zu begleichen. Ein Gast wehrt sich dagegen, mitzugehen, sagt: »Was hier vor sich geht, ist nicht mit internationalem Recht zu vereinbaren.« Einer der Vermummten schlägt ihm ins Gesicht. Er wird unsanft abgeführt, verschwindet im Innern des Sattelschleppers. Der Wirt steht am Fenster, schaut hinaus, wartet darauf, dass der Mann hinten wieder herauskommt. Er kommt nicht mehr.

Die beiden Männer am runden Tischchen am Fenster in der Ecke sind die letzten Gäste, die kontrolliert werden. Sie zeigen ihre Identitätsausweise. Einer der Vermummten setzt zu einem speziellen Gruss an, welcher von den beiden, wenn auch zögerlich, erwidert wird. Der Gast lächelt sein stummes Gegenüber verlegen an, wenn sich die Vermummten abwenden, tätschelt seine Hand. Als Letzter ist der Wirt an der Reihe, seinen Identitätsausweis zu zeigen. Er wird abgeführt, verschwindet im Sattelschlepper und kommt für lange Zeit nicht mehr heraus. Als er wieder ins Café zurückkehrt, schliesst er es hinter sich ab. Er fängt an, die Tischchen abzuräumen, sagt: »Wir machen Schluss für heute.« Er hat ein blaues Auge und weitere Wunden im

Gesicht, von Schlägen. Wenn er zum runden Tischchen am Fenster in der Ecke kommt, um zu kassieren, erkundigt er sich nach dem speziellen Gruss von vorhin.

»Das ist neu, kommt von oben, wird von uns Staatsangestellten verlangt, um dem Führer unsere Loyalität zu zeigen«, sagt der Gast.

Istanbul, Café Amerika, in naher Zukunft. Es ist Sonntag, das Café bleibt geschlossen. Der Wirt sitzt in der winzigen Küche, hört heimlich die Nachrichten von einem ausländischen Sender. Der Internationale Gerichtshof lehne es ab, den angeblichen Putschführer vom Juli 2016 in Haft zu nehmen und ihm den Prozess zu machen, sagt der Nachrichtensprecher. Die Niederlande bieten jedoch an, ihn vorläufig aufzunehmen und ihn unter Hausarrest zu stellen, sollte er selbst damit einverstanden sein; so lange, bis genügend Beweise für einen fairen Prozess gegen ihn vorlägen. Des Weiteren werde verlangt, dass Gerüchte, die behaupten, die Regierung selbst habe den Putsch inszeniert, um mit grösserer Gewalt gegen seine Gegner vorgehen zu können, entkräftet würden.

Amerika habe signalisiert, dass es damit einverstanden wäre, den angeblichen Putschführer mit seinem Einverständnis in die Niederlande auszufliegen, sagt der Nachrichtensprecher. Der Kommentar eines Korrespondenten schliesst mit den Worten, dass es dringend nötig sei, den Präsidenten zur Vernunft zu bringen. Dass, wenn es nicht gelänge, einen sich selbst zum Führer einer Weltreligion ausgerufenen Megalomanen mit Herrschaftsansprüchen von seinen wirren Ideen abzubringen, Sanktionen ergriffen werden müssten. Er erinnert daran, wie der Präsident erst kürzlich bei einer internen Veranstaltung Zweifel an Mohammed als Propheten geäussert haben soll, angedeutet habe, dass erst jetzt die Zeit gekommen sei, es jemanden anderer sein werde, der die Welt auf den rechten Pfad führen werde. Der Wirt schaltet das Radio aus, sagt zu sich selbst: »Nichts, rein gar nichts wird ihn davon abhalten.«

Istanbul, Café Amerika, in naher Zukunft. Der Fernseher ist an. Orientalische Musik. Eine grosse Menschenmasse. Der Präsident ergreift das Mikrofon. Seine Stimme überschlägt sich, er schreit ins Mikrofon, verkündet: »Der grösste Feind unseres Landes ist tot, der grösste Terrorist der Welt ist nicht mehr, die Welt ist befreit von einem grossen Übel! Es waren nicht wir«, sagt er, »aber wir hätten es getan, wären uns nicht die Hände gebunden gewesen.« Er bedauert die zweihundert amerikanischen Soldaten, die ums Leben gekommen waren, als die Maschine mit dem Staatsfeind Nummer eins an Bord abgeschossen wurde. »Hättet ihr ihn an uns ausgeliefert, anstatt ihn, getarnt in einem Truppentransporter, in ein fremdes Land zu fliegen, wären die Soldaten noch am Leben«, sagt er. Er bedankt sich bei den Unbekannten, die den Anführer der Putschisten zur Strecke gebracht haben; spricht gleichzeitig den Angehörigen der getöteten zweihundert Soldaten sein Beileid aus, versichert ein weiteres Mal, dass, wenn sie es gekonnt hätten, ihren Tod, den Tod von Unschuldigen, vermieden hätten.

Der Wirt schaltet den Fernseher ab, sagt: »Ich vertrage diesen Lärm nicht mehr.«

Der Gast am runden Tischchen am Fenster in der Ecke lächelt ihm zu, tätschelt die Hand seines stummen Gegenübers.

Istanbul, Café Russia, in naher Zukunft. Der Fernseher ist an. Der Nachrichtensprecher verkündet, dass der Parlamentspräsident und sein russischer Amtskollege ein Papier unterzeichnet hätten über die enge Zusammenarbeit ihrer beiden Nationen bei der Bekämpfung verbliebener Terroristen, nachdem Amerika die Zusammenarbeit mit ihrem Land aufgekündigt habe. Es wird ein Video eingespielt, in welchem der Führer seinen Landsleuten den Bruch Amerikas mit seinem Land erläutert. Er verurteilt die Haltung Amerikas der grossen Nation gegenüber. Umso mehr, als Russland Beweise vorgelegt habe, die zeigten, dass Rebellen einer abtrünnigen ehemaligen Sowjetrepublik für den Abschuss der Maschine verantwortlich seien. Dass es Hinweise gebe, dass die Maschine mit einer Rakete aus alten Beständen der USSR-Armee abgeschossen wurde. Der Präsident bedankt sich bei Russland dafür, dass es nach dem Abgang der Amerikaner in die Lücke gesprungen sei bei der so wichtigen Bekämpfung von Terroristen.

»Schon wieder ein neues Signet«, sagt der Gast am runden Tischchen am Fenster in der Ecke zum Wirt. »Die Sterne, egal woher, haben mir aber besser gefallen als das banale Weiss, Blau, Rot.«

»Und du musst jetzt, in deinem Alter, auch noch Russisch lernen«, meint der Wirt.

»Das nicht gerade«, sagt der Gast, »mir war jedoch die Arroganz der Amerikaner lieber als die Unverfrorenheit der Russen. Auch war deren Englisch wenigstens verständlich. Was soll's, nicht mehr lange für uns beide«, sagt er und tätschelt die Hand seines stummen Gegenübers.

Istanbul, Café Russia, in naher Zukunft. Der Fernseher ist an, die Nachrichten werden vorgelesen. Amerika hat sich mit China überworfen, steht an der Grenze zu Nordkorea, das über seinem Territorium eine amerikanische Passagiermaschine abgeschossen hat. Die, nordkoreanischen Angaben zufolge, unterwegs gewesen war, um den Präsidenten und seine Gefolgschaft zu eliminieren, somit Chaos auszulösen und es oppositionellen, von Amerika gesteuerten Kräften zu ermöglichen, das Land zu übernehmen. Gemäß amerikanischen Angaben waren an Bord des Flugzeugs Fallschirmspringer und Schützen gewesen, die an einem sportlichen Anlass in Südkorea hatten teilnehmen wollen. Die Maschine sei über südkoreanischem Gebiet von nordkoreanischen Abfangjägern in den nordkoreanischen Luftraum abgedrängt und dort abgeschossen worden. Die Lage spitze sich zu, sagt der Nachrichtensprecher, umso mehr, als sich Russland auf die Seite Chinas gestellt habe. Amerika habe Europa um Beistand gebeten, Europa jedoch zögere. Einzig England habe sich anerboten, amerikafeindliche arabische Staaten in Schach zu halten, welche versucht sein könnten, die Situation auszunutzen. Auf diese Weise halte England Amerika den Rücken frei.

Das Programm wird unterbrochen. Eine Rede des Führers wird angekündigt. Er sitzt im Präsidentenpalast, auf einem thronähnlichen Stuhl, und prangert die verfehlte amerikanische Politik an; sagt, dass seit der Einsetzung des neuen amerikanischen Präsidenten Europa stark vernachlässigt wurde; dass ihn nicht interessiere, was auf der anderen Seite des Atlantiks vor sich gehe. Dass einseitige Handelsbeschränkungen die Distanz zu Europa noch zusätzlich vergrössert hätten. Er zeigt Verständnis für die europäische Zurückhaltung, sagt, dass der Zusammenhalt, der Schulterschluss europäischer Staaten, deshalb umso dringlicher sei, ungeachtet der Differenzen betreffend religiöser und ethnischer Zusammengehörigkeit. Er regt eine Konferenz an, wo diese Differenzen separat bereinigt werden sollen, wo Fragen ethnischer Zugehörigkeit, vor allem jedoch die Stellung der Muslime, des Islamismus in Europa diskutiert werden sollen. »Gebt den Muslimen, gebt dem Islam in Europa eine Stimme, und ihr werdet

Frieden haben«, überschlägt sich seine Stimme, schreit er ins Mikrofon. »Wir müssen uns zusammenraufen, uns zusammentun, jetzt erst recht, wo es am anderen Ende der Welt brennt«, meint er, »und nicht auch noch im Chaos versinken.« Er regt eine Konferenz in Nord-Nikosia auf Zypern an; lässt erkennen, dass er einer Vereinigung der geteilten Nation nicht mehr abgeneigt sei. Er lädt die Präsidenten aller Länder Europas und deren Aussenminister zu der Konferenz ein; regt an, dass gleichzeitig in deren Parlamenten, unter Teilnahme muslimischer und islamischer Kräfte, diskutiert wird, um auf diese Weise noch während der Konferenz Resultate erzielen zu können. Als neutralen Schiedsrichter lädt er Russland, den russischen Präsidenten, ein.

»Dann dürfen wir unser Lokal vielleicht wieder Café Europa nennen«, sagt der Wirt und stellt zwei Gläser Pfefferminztee auf das runde Tischchen am Fenster in der Ecke.

»Und wir kriegen unseren Sternenkreis wieder«, meint der Gast und tätschelt die Hand seines stummen Gegenübers.

Istanbul, Café Russia, in naher Zukunft. Der Fernseher ist an. Orientalische Musik. Der Führer tritt ans Rednerpult in einem Konferenzzentrum in Nord-Nikosia. Er rechtfertigt die Geiselnahme der Präsidenten Europas und deren Aussenminister, die Besetzung der Parlamente europäischer Staaten, die Geiselnahme der

Parlamentsabgeordneten durch islamisch-muslimische Kräfte. »Es ist von Gott so gewollt, von Allah«, sagt er ins Mikrofon, bemüht staatsmännisch und doch eine Spur zu laut dafür. Es sei ihm von oben anvertraut worden, die göttliche Ordnung wiederherzustellen, die Menschheit wieder auf den rechten Pfad zu bringen, der Zügellosigkeit und dem Laster, das sich ausbreitet, Einhalt zu gebieten. »Ich nehme die Aufgabe gerne und mit Dankbarkeit an«, flüstert er ins Mikrofon. Dann reisst er sein Maul auf, überschlägt sich seine Stimme: »Die Zeit ist gekommen!« Er überlässt das Mikrofon seinem Generalstabschef und zieht sich zurück, taucht auf einer Empore wieder auf, schaut von dort auf die Anwesenden herab. Der Generalstabschef warnt vor Versuchen, den Führer in seinem von Gott gewollten Tun zu stoppen. Er verweist auf Waffen in ihrem Besitz und auf deren Sprengkraft – er vermeidet das Wort Atombombe, es ist trotzdem unmissverständlich, wenn er sagt: um ganz Europa augenblicklich auszulöschen. »Und wir werden nicht zögern, Allahs Wille auszuführen«, ruft der Führer von der Empore. Er lässt die Präsidenten und ihre Aussenminister Papiere unterzeichnen, welche sein Land als Teil der Europäischen Union anerkennen und Europa wiederum als Teil des neuen Osmanischen Reiches, welchem er als Führer und Sultan, als geistliches Oberhaupt, vorstehe. Der Generalstabschef übergibt das Mikrofon einem Religionswissenschaftler, tritt, mit einer tiefen Verbeugung vor dem Führer, ab.

Der Religionswissenschaftler bezweifelt die gängige Meinung von Mohammed als von Gott gesandt; gibt an, Hinweise zu haben, dass erst jetzt der Zeitpunkt gekommen sei, dass Allah einen Propheten auf die Erde schickt, um sie von ihren Lastern zu befreien. Er verspricht, in naher Zukunft schlüssige Beweise dafür vorzulegen. Er schliesst seinen Vortrag mit einer tiefen Verbeugung vor dem Führer und überlässt das Mikrofon dem Sprecher des Palastes. Dieser gibt die Weihung des Führers aller gottgläubigen Religionen in zwei Tagen bekannt.

»Und es wird mein Bestreben sein, alle Irrgläubigen zu bekehren und auf den rechten Weg zu führen«, ruft der Führer von der Empore.

Der Sprecher des Palastes lädt den Papst und alle anderen Oberhäupter der Kirchen ein, der Feier beizuwohnen; weist gleichzeitig auf die Folgen hin, die ihr Fernbleiben auf ihre Gemeinschaften und ihre zukünftige Rolle in der neuen Ordnung haben könnte.

»Das war es. Das ist das Ende. Diesmal wirklich«, sagt der Wirt und macht den Fernseher aus.

Ein junger Mann betritt das Lokal, sagt, er sei hier wegen der neuen Beschriftung und Umbenennung in Café Europa.

»Daraus wird nichts«, sagt der Wirt.

»Weshalb?«, fragt der junge Mann.

»Siehst du nicht fern, hörst du keine Nachrichten?«, fragt der Wirt.

»Schon«, sagt der junge Mann. »Was soll's, das Leben geht weiter, uns geht es gut, wir sind die Gewinner.«

Der Wirt schüttelt den Kopf, sagt: »Und außerdem, wir schliessen morgen. Es ist Schluss, endgültig«, ruft er in Richtung des runden Tischchens am Fenster in der Ecke. »Getränke sind morgen gratis, und die Stühle, auf denen ihr sitzt, könnt ihr dann auch gleich mitnehmen.« Und leise: »Auf denen ihr das Ganze ausgesessen habt.«

Der Gast am Tischchen am Fenster in der Ecke bedankt sich mit einem Lächeln, tätschelt die Hand seines stummen Gegenübers.

Istanbul, Café Russia, in naher Zukunft. Der Fernseher ist an. Orientalische Musik. Eine Laufschrift kündigt das grosse Ereignis morgen an, die bevorstehende Ankunft des Führers, in Kürze; zurück von seiner göttlichen Mission. Der einzige besetzte Tisch im Café ist jener am Fenster in der Ecke. Normalerweise kommen die beiden nur samstags. Die Stadt ist ungewöhnlich geschäftig für einen Sonntag. Sie wird herausgeputzt für den grossen Tag morgen. Die Musik wird unterbrochen, die baldige Ankunft der Maschine des Führers wird angekündigt. Der Wirt nimmt die wenigen übrig gebliebenen Münzen aus der Kasse, steckt sie in seine Kitteltasche und sagt: »Ich glaube, wir machen dicht, da kommt niemand mehr, das war es.«

Der Gast am Tischchen beim Fenster in der Ecke tätschelt seinem stummen Gegenüber die Hand. Die beiden erheben sich, nehmen ihre Stühle, verabschieden sich vom Wirt, wollen gehen. Draussen am Himmel ist der Lärm eines Flugzeugs im Landeanflug zu hören.

»Das wird er wohl sein«, sagt der Wirt. »Um diese Zeit kommen sonst keine. Das muss die Maschine des Führers sein.«

Der Gast mit seinem stummen Freund steht an der Türe, schaut noch ein letztes Mal zurück.

»Lebt wohl«, sagt der Wirt, während gleichzeitig eine gewaltige Explosion am Himmel zu hören ist. Ein Sprecher im Fernsehen verkündet, seine Stimme überschlägt sich, er schreit: »Unsere Nation wird von einer fremden Macht angegriffen!« Ein Wrackteil der abstürzenden Präsidentenmaschine zischt durch die Luft, erschlägt den Gast, seinen stummen Freund und den Wirt, der die beiden nach draussen begleitet hat. Der Himmel über Istanbul verdunkelt sich. Eine Armada von Bombern entlädt ihre zerstörerische Fracht. Das Café Europa, Amerika, Russia ist nicht mehr. Es liegt, und mit ihm die ganze Stadt, das ganze Land, das neue Osmanische Reich, in Schutt und Asche.

Die Gesichter der Bewaffneten im Konferenzraum in Nord-Nikosia, wo die Präsidenten Europas und ihre Aussenminister festgehalten werden, verdunkeln sich bei dem, was ihnen in den Nachrichten im Radio zu Ohren kommt. Sie richten die Waffen auf ihre Geiseln. Der Präsident von Russland erhebt sich, sagt: »Euer Führer ist nicht mehr, ebenso eure Nation. Es ist niemand mehr da, um euch zu befehligen; ebenfalls nicht, um euch zu beschützen. Auch niemand, um euch davon abzuhalten, uns jetzt zu töten. Ihr aber werdet die Nächsten sein. Ich versichere euch freies Geleit, wenn ihr es nicht tut. Dasselbe gilt, glaube ich, sagen zu dürfen, für eure Kollegen in den Parlamenten Europas.« Er schaut in die Runde. Seine Amtskollegen nicken allesamt. Der Anführer der Bewaffneten öffnet einen Koffer. Er nimmt einen Hörer ab und telefoniert mit seinem Vorgesetzten. Nach einer Weile legt er den Höher wieder auf, schaut zum russischen Präsidenten hinüber und nickt. Er weist seine Leute an, die Waffen niederzulegen. Die Präsidenten Europas und ihre Aussenminister stehen einer nach dem anderen auf und begeben sich zum Präsidenten von Russland, schütteln ihm die Hand; einige von ihnen haben Tränen in den Augen, manche umarmen ihn.

Anderntags wird der Präsident von Russland in den Zeitungen als der Befreier, der Retter Europas gefeiert; er wird als ein grosser Staatsmann bezeichnet. Der Einzige, dem es auch gelingen könnte, Amerika und seine Widersacher zu versöhnen und so den Frieden in die Welt zu bringen. Er ist da, wo er immer schon sein wollte, und hält die Fäden fest in der Hand.

Inhalt

Ein grosser Dank geht an Alexandra Heidenreich für das Korrektorat und Lektorat.

B. Wild

Erlösung

Auf dem Bahnhof, auf dem Schotter, zwischen den Geleisen, steht ein kleines Mädchen. Es sucht nach seinem Weg nach Hause.
Auf dem Bahnhof, am Ende des Bahnsteiges, steht ein Mann. Er möchte weg. Er hat sein Zuhause nicht gefunden, ist des Suchens müde, mag nicht mehr.
Die beiden treffen aufeinander, zeigen sich den Weg. Finden so nach Hause. Finden zueinander.
Die junge Frau richtet sich auf. Schaut auf die zwei schlichten Holzkreuze, das kleinere und das grössere; denkt an das Mädchen und dessen Vater. Dann sieht sie auf die Stelle, wo der Anhänger begraben liegt. Denkt an das dritte Kreuz, welches hierhergehört. Denkt: »Und wenn ich sie mit eigenen Händen aus der harten sibirischen Erde befreien muss« – mit der Entschlossenheit und dem Starrsinn, welche sie all die Jahre im Arbeitslager durchstehen ließen.

144 S., Paperback, ISBN 978-3-95780-086-2

B. Wild

Georg

Georg wohnt mit seiner Mutter in Berlin-Mitte. Vom Küchenfenster aus sieht er den Fernsehturm in den Himmel ragen. Seine Vorliebe gilt Frauen mit langen Beinen. Weil er aussieht wie George Clooney, schafft er es auch immer wieder, eine dieser Langbeinigen in sein Bett zu bekommen. Doch George hat ein Trauma: Während seiner Kindheit musste er mit ansehen, wie seine intrigante Mutter den Vater drangsalierte. Seitdem lehnt er jegliche romantischen Beziehungen ab. Lisa wohnt in einem Plattenbau aus DDR-Zeiten in Berlin-Mitte. Auch sie schaut von ihrer Wohnung aus auf den Berliner Fernsehturm. Lisa mag es nicht, wenn sie von Männern ausgenutzt wird. Sie ist zwar keine Schönheit, hat aber einen attraktiven Körper. Deshalb hat sie auch öfters amouröse Abenteuer. Ohne Eltern wuchs sie bei ihrer Großmutter in Ostberlin auf. Ihr größter Wunsch ist es, zu heiraten und Kinder zu haben – eine richtige Familie zu gründen.

Georg und Lisa treffen aufeinander. Sie verbringen eine Nacht zusammen. Ein falsches Wort reicht aus. Die Geschehnisse geraten außer Kontrolle ...

116 S., Paperback, ISBN 978-3-95780-155-5